Esaias Pufendorf

Esaias Pufendorfs Bericht über Kaiser Leopold seinen Hof

und die österreichische Politik 1671-1674

Esaias Pufendorf

Esaias Pufendorfs Bericht über Kaiser Leopold seinen Hof
und die österreichische Politik 1671-1674

ISBN/EAN: 9783743686380

Hergestellt in Europa, USA, Kanada, Australien, Japan

Cover: Foto ©Suzi / pixelio.de

Weitere Bücher finden Sie auf **www.hansebooks.com**

Zur Erläuterung.

In den im königlich sächsischen Haupt-Staatsarchive niedergelegten Acten der Nymwegener Friedenshandlung fand ich den hier zum ersten Male vollständig gedruckten, höchst interessanten Bericht, dessen Original sich ohne Zweifel im Stockholmer Archive befindet. Der jetzt ziemlich vergessene Keyssler, auf den mich Herr Professor Leopold Ranke gefälligst aufmerksam gemacht hat, scheint auch eine Copie davon besessen zu haben und hat in den „neuesten Reisen durch Deutschland, Böhmen, Ungarn, die Schweiz, Italien etc." (Hannover 1751) S. 1252 ff. einen im Stile verbesserten lückenhaften Auszug aus dem Theile der Relation gegeben, in welchem der Kaiser und sein Hof geschildert werden. Diese Mittheilungen hat wohl Vehse im 5ten Bande seiner Geschichte des österreichischen Hofes vor Augen gehabt. Sonst ist mir keine Spur einer Benutzung dieses Berichtes vorgekommen; auch der schwedische Historiker, welchem die Archive seines Vaterlandes für diese Zeit zugänglich waren, Carlson in der Fortsetzung der Geijerschen Geschichte Schwedens weiss nichts davon. Der Verfasser des Berichtes, der 1675 im Rathe des Königs zu Stockholm vorgelesen wurde, ist Esaias Pufendorf, eines sächsischen Pfarrers Sohn, geb. 1628 in Dorf-Chemnitz, älterer Bruder des noch berühmteren Samuel Pufendorf. Ein Hauslehreramt hatte dem von Oxenstjerna begünstigten Esaias den Weg in den schwedischen Staatsdienst gebahnt, in dem er zum Geheimen Rathe und Kanzler ernannt und zu bedeutenden diplomatischen Sendungen gebraucht wurde. 1671 — 1674 war er schwedischer Gesandter in Wien in einer sehr wichtigen Epoche der politischen Entwickelung Europas. Was er zunächst über seine allerdings erfolglose diplomatische Thätigkeit zur Beschwichtigung des Kaisers in dem französisch-holländischen Kriege berichtet, das wirft manches Licht auf die politischen Verhältnisse der in den damaligen Krieg verwickelten Mächte und besonders auf die österreichische Politik jener Zeit. Dabei darf man freilich den Standpunkt nicht vergessen, den der Gesandte einer den Franzosen befreundeten Regierung einnahm: der deutsche Patriot, von welcher Farbe er sein mag, wird das Raisonnement des Schweden oft zurückweisen müssen. Aber die Beobachtungen, die dem Raisonnement zu Grunde liegen, behalten immer ihren Werth, und selbst manche Urtheile des Gegners einer kräftigen Entwickelung des zerrütteten Reiches über die Tendenzen des kaiserlichen Hofes verdienen Beachtung für eine Zeit, wo das Haus Habsburg und viele deutsche Fürsten ihre Trägheit und Selbstsucht mit patriotischen Phrasen zu verhüllen strebten. Muss dieser erste Theil des Berichts vorzugsweise dem Historiker vom Fach willkommen sein, welcher die politische Verwickelung dieser traurigen Epoche unserer Geschichte genau kennt, so werden die folgenden Stücke, in denen der leichter zu klärende Stoff auch die sonst etwas schwerfällige und „sich nach Weitläufigkeit sehnende" Darstellung des Diplomaten lesbarer gemacht hat, ein allgemeineres Interesse in Anspruch nehmen. Hierher gehört zunächst die gedrängte Schilderung der Bedrückungen der Protestanten in Oesterreich, deren sich der Gesandte nach dem im Osnabrückischen Friedensinstrumente (V, 13 zu Ende) der schwedischen Krone reservierten Rechte durch gütliche

Vorstellungen annehmen sollte. Dann aber folgt nach kurzer Mittheilung über die Intercession des Gesandten in mehreren minder bedeutenden Angelegenheiten der interessanteste Theil des Berichtes, die Charakteristik des Kaisers, seines Hofs, der Minister und ihrer Politik, die überhaupt als die bedeutendste Quelle zur genauern Kenntniss der hier besprochenen Persönlichkeiten betrachtet werden muss. Dass das hier entworfene Bild der Wirklichkeit entspricht, dafür zeugt ebensowohl die Schärfe und Klarheit der ganzen Auffassung und Darstellung als auch das, was wir sonst von Leopold's Leben und Streben und von der damaligen kaiserlichen Politik wissen. Denn das historische Urtheil über diesen Kaiser ist seit lange festgestellt und selbst die bescheidenen wohlwollenden Vertheidigungen der in den letzten Jahren für ihn plaidierenden Historiker, des ziemlich flüchtigen Mailath und des gründlichen Biographen des Prinzen Eugen, des Alfred Arneth, stützen sich doch vorzugsweise auf die schon von Grammont und in den venetianischen Berichten hervorgehobenen Tugenden des Privatmannes, die der Kaiser besass, auf Eigenschaften eines Fürsten, die dem Volke sehr wenig nützen, wenn dem Fürsten alle Herrschertalente fehlen. Was aber ein Herr von Walewski in Krakau in seiner sogenannten Geschichte Leopolds und der heiligen Ligue zur Verherrlichung des „grossen" Kaisers veröffentlicht hat, ist so abgeschmackt, dass es weiter keine Beachtung verdient.

Zum bessern Verständniss des Berichts scheint mir eine gedrängte Darstellung der politischen Situation, in welcher Esaias Pufendorf als Gesandter in Wien auftrat, nicht unzweckmässig zu sein.

Als Ludwig XIV., nachdem er 1661 selber die Regierung übernommen, durch seine Diplomaten die Ausführung seiner ehrgeizigen Entwürfe vorbereitete, wendete er seine Aufmerksamkeit auch auf Schweden, da dieses in Folge des von

Gustav Adolf begonnenen deutschen Krieges und der Siege Karls X. Gustav über Polen und Dänen eine sehr bedeutende Stellung eingenommen hatte. Freilich hatten sich hier die Verhältnisse sehr bald nach dem Tode des Königs Karl Gustav geändert. Eine vormundschaftliche Regierung war für den 5jährigen Nachfolger, Karl XI., eingesetzt worden. Diese entbehrte der Energie und konnte die aufstrebenden Parteien nicht niederhalten. Der einflussreichste Mann dieser Regierung, der Reichskanzler de la Gardie neigte sich allerdings zu Frankreich, und so gelang es Ludwig schon 1666 Schweden von England zu trennen, das Hülfe gegen Holland begehrt hatte, und 1667 durch den gewandten Pompone ein Bündniss mit Schweden zu schliessen, um dessen Unterstützung für künftige Fälle zu gewinnen. Aber de la Gardie hatte nicht die Energie, die heterogenen Elemente der durch die Verfassung vielfach beschränkten Regierung zu einigen und das günstige Verhältniss zu Frankreich zu einer grossartigen, den Interessen Schwedens förderlichen Politik zu benutzen. Man fürchtete Collisionen mit dem Kaiser und Reich, man scheute im Bewusstsein der schon eingetretenen, wenn gleich ausserhalb noch nicht kund gewordenen Schwäche den Krieg, in den man durch energisches Zusammengehn mit dem kriegslustigen Ludwig hätte gerathen können, und so erklärt es sich, dass noch 1668 Schweden zur sogenannten Tripelalliance mit Holland und England zusammentrat, welche Ludwigs Gelüsten auf die spanischen Niederlande vor der Hand ein Ziel setzte. Dadurch bekam die österreichische Partei in Schweden die Oberhand. Man musste sich nun gegen Ludwig zu decken suchen: nur eine starke Coalition konnte den gewünschten Frieden sichern. Der österreichische Gesandte Basserode in Stockholm versprach im Namen des Kaisers für 4000 Mann im Kriege von Schweden zu stellende Hülfstruppen bereits noch während des Friedens jährlich 100,000 th.

Subsidien. Die Schweden, deren Finanzen in der traurigsten Lage waren, verlangten von der Zeit des Abschlusses des Tractats an 150,000 th. und im Kriegsfalle für eine entsprechende grössere Zahl von Hülfstruppen noch mehr Subsidien. Basserode hoffte die Ratification dieses Bündnisses von Seiten des Kaisers nach dem Wunsche der schwedischen Regierung durchsetzen zu können. Da verliess Pompone Stockholm: Ludwig schien das Spiel hier verloren zu haben. Bald aber änderten sich die Verhältnisse. Kaiser Leopold hatte keine grosse Neigung sich mit den Schweden einzulassen und verzögerte die Ratification des Basserode'schen Vertrags. Dies musste in Schweden die kaiserliche Partei entmuthigen und die französische Politik des Reichskanzlers unterstützen. Unterdessen hatte Ludwig den Entschluss gefasst, die Holländer zu züchtigen, welche vorzugsweise seine Entwürfe gegen Spanien vereitelt hatten. Es gelang ihm schon 1670 Englands König gegen Holland zu gewinnen und bald selbst den Kaiser Leopold unschädlich zu machen, der trotz der Verjagung des Herzogs von Lothringen auf Antrieb seines zu Frankreich sich hinneigenden Ministers Lobkowitz 1671 die Neutralität im französisch-holländischen Kriege versprach. In Schweden wurde man immer ungeduldiger, dass Leopold den Basserode'schen Tractat nicht ratificieren wollte. So gewann die französische Partei in Schweden die Uebermacht. Pompone ging wieder nach Stockholm und wusste sich so geschickt zu benehmen, dass ihm die der Subsidien bedürftige schwedische Regierung, wie er wünschte, entgegenkam. Er brauchte nicht zu drängen, er wurde gedrängt. Was Wunder, dass die Schweden, denen der Kaiser nicht 150,000 th. bewilligen wollte, die französische Alliance annahmen, für welche Pompone in Friedenszeiten 400,000 th. und im Kriege die Hälfte mehr und gegen Zusicherung gleicher Hülfe jede Unterstützung Schwedens in allen Kriegen beider Nationen ausserhalb Deutschlands gewährte. Denn Geld zu bekommen — das war bei den elenden Finanzzuständen Schwedens die Hauptsache für die schwedischen Diplomaten. Da sie sich in diesem Vertrage gegen den Kaiser gedeckt zu haben glaubten und zu keiner bestimmten Unterstützung verpflichtet hatten, hofften sie im Kriegsfalle gegen Holland neutral bleiben zu können. —

Um diese Zeit trat der 17jährige König selbst an die Spitze der Regierung. Wider Erwarten nahm er sich ernstlich der Geschäfte an, konnte und wollte aber der schwedischen Politik zunächst keine andere Richtung geben. Doch wurden die seither herrschenden Intentionen energischer verfolgt. Der Krieg Ludwigs mit den Holländern hatte begonnen und es drohte daraus ein allgemeiner Krieg zu werden. Während Ludwig drängte, dass die Schweden aus ihren deutschen Besitzungen in Holland einfallen sollten, bemühte sich der junge König von Schweden in Paris, London und im Haag den Frieden zu vermitteln und den gegen Frankreich immer bedenklicher werdenden Kaiser von der Theilnahme am Kriege fernzuhalten. Diese Bemühungen waren vergeblich. Was vermochte eine solche schwächliche Friedenspolitik gegen Ludwigs gewaltthätige Energie und gegen die ängstliche Aufregung der durch ihn bedrohten Nachbarn. Jetzt ermannte sich auch der Kaiser trotz des Lobkowitz Sympathien für Frankreich und verband sich 1672 auf Betrieb des Kurfürsten von Brandenburg mit Holland. Montecuculi rückte an den Rhein. Doch wurde der Krieg in Folge der Lobkowitzischen Intriguen ziemlich schlaff geführt, so dass der wackere Kurfürst von Brandenburg desselben bald überdrüssig ward. Dies bestärkte wieder die Friedenshoffnungen des Königs von Schweden. Er brachte 1673 einen Friedenscongress zu Cöln zu Stande und bemühte sich zwischen den streitenden Parteien zu vermitteln. Aber alle Bemühungen waren vergeblich: der Kaiser konnte vor Ludwigs Forderungen nicht zurücktreten, wenn er sich nicht um seine Stellung im Reiche bringen wollte. 1674 schlossen England und die deutschen Fürsten, welche es mit Ludwig gehalten hatten, Frieden mit Holland: mehrere deutsche Reichsfürsten, vor allen der Kurfürst von Brandenburg traten entschiedener mit dem Kaiser für Holland auf. Auch Lobkowitz, der immer noch zu hemmen gewusst hatte, fiel in Ungnade. Nun musste König Karl XI. sich entscheiden für oder gegen Frankreich: an Vermittelung und bequemen Genuss der französischen Subsidien war nicht mehr zu denken. Ludwig verlangte, dass Karl gegen Brandenburg ein Heer nach Deutschland schicke. Dies musste Karl im Mai 1674 versprechen, und jetzt erst verliess der österreichische Gesandte Stockholm. Dennoch gelang es dem französischen Gesandten Feuquières erst im December 1674, das schwedische Heer in Bewegung zu bringen. Die Schweden rückten unter dem alten kränklichen Wrangel ins Brandenburgische ein. Noch kurz vorher hatte Karl ungeachtet der vergeblichen Bemühungen Pufendorfs den Benedict Oxenstjerna als ausserordentlichen Bevollmächtigten nach Wien geschickt, um den Kaiser zur Neutralität zu bringen, und so hoffte Karl noch von dem Kriege loszukommen, der alle Vortheile der französischen Subsidien zu nichte zu machen und für Schweden bedenkliche Verwickelungen herbeizuführen drohte. Denn bei der Zerrüttung aller Verhältnisse während der vormundschaftlichen Regierung, bei den Parteiungen im Lande, dem traurigen Zustande der Finanzen und des Kriegswesens musste sich der König von Schweden gestehn, dass das Ansehn des Staats im Auslande gemindert war, dass er zu schwach sei, im Kriege neben Frankreich eine einigermassen selbständige Stellung zu behaupten, die er erst unter günstigen äusseren Verhältnissen und vorzüglich durch Umgestaltung der innern

Verhältnisse des Landes vorbereiten konnte. Da aber auch Oxenstjernas Sendung ohne Erfolg blieb, konnte der Krieg nicht vermieden werden. Alles ging lahm und matt und schlimmer als der König gefürchtet hatte. Der Kurfürst eilte vom Rhein in sein bedrängtes Land zurück, warf im Juni 1675 die überraschten schwedischen Truppen auseinander und nöthigte sie nach Pommern zurückzugehn. Die nächsten Jahre brachten den Schweden nichts als Verluste, denn bald waren neben den in Pommern siegreichen Brandenburgern die Holländer, deutsche Reichsfürsten und die Dänen gegen Schweden aufgetreten, das wenigstens die Besitzungen in Deutschland verlieren zu sollen schien. Es macht dem in den Verwickelungen der letzten Jahre schnell gereiften König Karl alle Ehre, dass er in der Noth nicht den Muth verlor und seine Rechte auch gegen den König Ludwig mit solcher Zähigkeit festhielt, dass er nach vorausgehendem Abschluss des Nymwegener Friedens von Seiten Brandenburgs und Dänemarks 1679 überaus günstige Friedensbedingungen erhielt. Freilich war der Kurfürst von Brandenburg, den der Kaiser und die Reichsfürsten im Stich gelassen hatten, dabei um den Preis seines glänzenden Kampfes gebracht worden und der Abschluss war durchaus gegen das deutsche Interesse. Karl aber hatte nun Musse, die Regeneration der innern Verhältnisse in Schweden durchzuführen, an die er von dem ersten Jahre seiner Selbstregierung an gedacht hatte.

Aus dieser Darstellung der Verhältnisse wird klar werden, dass Pufendorfs Stellung in Wien sehr misslich war. Zunächst konnte überhaupt der Abgesandte einer Macht, welche nicht lange vorher den kirchlichen und politischen Interessen des Hauses Habsburg so erfolgreich entgegengetreten war, am Wiener Hofe nicht sehr beliebt sein. Dann aber musste die Verbindung mit Frankreich gerade zu der Zeit, wo die den Franzosen feindliche Partei in Wien immer mehr Geltung bekam, gegen Schweden grosses Misstrauen erregen. Die schwächliche Vermittelungspolitik, welche Pufendorf zu vertreten hatte, fand am Hofe keinen Beifall, konnte aber auch den Franzosen nicht genehm sein, so dass er also auch in dem französischen Botschafter in Wien, Herrn von Gremonville, keinen zuverlässigen Bundesgenossen hatte. Pufendorf musste die traurige Rolle eines Diplomaten spielen, der als Abgesandter einer im Verfall begriffenen und vom früher erworbenen Ansehn zehrenden Macht Ansprüche erheben musste, die auf keiner Seite erhebliche Beachtung fanden, weil sie einerseits nicht mit Erfolg geltend gemacht werden konnten, andrerseits den Bestrebungen der massgebenden Mächte widersprachen.

Der folgende Bericht ist bis auf Umwandlung einiger ganz veralteten und das Verständniss erschwerenden Formen, wie z. B. „besondern" in „sondern", „stunde" in „stand" und dgl. nach der Copie wörtlich abgedruckt worden. Jedoch die ganz principlose alte Orthographie, sowie die sinnlose Interpunction wurde zum bessern Verständniss nach den jetzigen Grundsätzen durch und durch verändert, was hoffentlich keiner Rechtfertigung bedarf. Auch mussten einige sinnlose Wörter durch Conjectur beseitigt werden. Was in dieser Erläuterung nicht erörtert werden konnte, findet sich in kurzen Bemerkungen unter dem Berichte selbst erläutert.

Dresden, den 10. October 1861.

Karl Gustav Helbig.

Allerdurchlauchtigster Grossmächtigster König,
Allergnädigster Herr.

Nachdem malen Ew. Königl. Majestät allergnädigst Verlangen tragen, dasjenige, was in der mir am kaiserlichen Hof aufgegebenen Commission passieret ist und ich dabenebenst Zeit meiner Anwesenheit alldar von den Consilien und Intentionen selbigen Hofes wahrnehmen und penetrieren können, gleichsam extractsweise und in gebührender Connexion bei einander zu sehen, so ist es meiner unterthänigsten Pflicht gemäss, Ew. Königl. Majestät hierunter nach meinem geringen Vermögen allergehorsamste Satisfaction zu geben, und zwar scheinet es in folgender Methode am besten geschehen zu können, dass nämlich, ungeachtet die oldenburgische Sache und dero Recommendation laut der mir diesfalls ertheilten Instruction das erste und fürnehmste Stück meiner Commission sein sollen, ich dennoch fürerst, was bei Urgierung der Ratification des sogenannten Basserodischen Tractats und aus Occasion des damals herfürblickenden und bald darauf werkstellig gemachten Krieges zwischen Frankreich und Holland von den österreichischen Visées erlernet, darnach aber den Zustand der Evangelischen in den Kaiserlichen Erblanden und endlich, in was Terminis die oldenburgische Successionssache beim Reichshofrath stehe, Ew. Königl. Majestät, so kurz und deutlich, als immer möglich, allerdemüthigst für Augen stelle.

Nun würde wohl ein jedweder, dem die Affairen der Welt ein wenig mehr als obenhin bekannt sind, nicht anders judicieret haben, als dass der kaiserliche Hof die Ratification des Basserodischen Tractats mit beiden Händen ergriffen und sich dadurch mit Ew. Königl. Majestät in ein gutes Vernehmen setzen und zu einer engern Correspondenz den Grund legen sollen, in Erwägung dass solche Sache eben zu der Zeit urgiert ward, da eines Theils der Herr de Pompone nach Schweden gieng und anders nicht zu vermuthen stand, als dass Frankreich Ew. Königl. Majestät zu gewinnen und den Streich, der ihm Anno 67 und 68 gefehlet, wieder anzubringen auf alle Weise und Wege trachten würde, anders Theils aber der Commandeur de Gremonville*) in Wien ganz kein Mysterium machte, sondern frei heraussagte, dass sein König gleiches Interesse und gleiche Intention hätte, entweder die aus Explication des Aachner Friedens wegen der Dependentien und Limiten der cedierten Castellanien herrührende Controversie, als dero Ausmachung er immer von einem Jahr zum andern aufgeschoben hatte, die Spanier dadurch in continuierlicher Apprehension zu halten, für sich aber allescit Gelegenheit und Praetext zu haben, sie wieder anzugreifen und das Spiel, wo man Anno 68 es gelassen, aufs neue anfangen zu können, mit den Waffen ohne längern Verzug zu entscheiden, oder aber die von der Republik der vereinigten Niederlande vielfältig empfangenen Affronts zu vindicieren, und dass er das Erste ebenso leicht und gerne thun würde und könnte, als das Letztere, im Fall der Kaiser nicht resolvieren sollte mit seinem König darüber Mesures zu nehmen und ihn in eine solche Sicherheit zu setzen, dass, wenn er mit Holland anbinden würde, er sich von österreichischer Seite nichts zu befahren haben dürfte. Hierzu

---

*) Gremonville war damals französischer Gesandter in Wien.

kam auch, dass nicht allein der holländische Resident in Wien, welcher von seinen Principalen oft reiterierte Ordres hatte, bei dem kaiserlichen Hof alle gute Officia anzuwenden, damit man Ew. Königl. Majestät nicht aus den Händen gehen lassen, sondern an das österreichische Interesse festmachen möchte, seines Orts weder Zeit noch Gelegenheit versäumte, mir an der Seiten zu stehen und es als eine gemeinnützige Sache bestermassen zu recommandieren, sondern es liess auch der letztverstorbene Kurfürst von Mainz durch seine damals zu Wien habende Ministros ordinarios und extraordinarios stark urgieren, dass der Kaiser die mit Ew. Königl. Majestät geschlossene Alliance gehörig ratificieren und das Reich von selbiger Seiten à couvert setzen sollte, worbei ich ebenmässig das Meinige gethan und nicht nur den spanischen Ambassadeur, sondern auch die verwittibte Kaiserin*) selbst, so dazumal in grossem Ansehen war, aus Occasion dass der kaiserliche Hof einen in favorem Regni Poloniae in dem Basserode'schen**) Tractat eingerichteten Artikel in der zerstümmelten Ratification, weiss nicht aus was für Bedenken und Ursache, ausgelassen, in das Werk interressieret, auch sonsten Münch und Pfaffen employiert und in Summa alles gethan hatte, was ich immer erdenken können, selbige Alliance zu Endschaft zu bringen, sogar dass ich auch den Hofkanzler Hocher im Vertrauen declarieret, dass wenn solcher Tractat für Ausgang des 7ten Jahres zu keiner Richtigkeit käme, es damit hiernächst vergeblich und zu spät sein, hergegen Ew. Königl. Majestät mit Frankreich

---

*) Eleonore von Mantua, Ferdinands III. dritte Frau.
**) Ueber Basserode vergleiche man die Einleitung. Unter der zerstümmelten Ratification versteht P. die von dem zwischen Basserode und der schwedischen Regierung vereinbarten Entwurfe abweichenden neuen Wiener Vorschläge, zu deren Ratification die Kaiserlichen sich verstehen zu wollen schienen.

unfehlbar schliessen würden. So hat doch dieses alles nichts verfangen wollen, und obschon jezuweilen geschienen, dass es so gut als abgethan sei, mir auch der spanische Ambassadeur einmal gesaget, dass der Kammerpraesident bereits Ordre hätte, die Gelder zu Bezahlung des ersten Termins der Subsidien an Hand zu schaffen und es also ersten Tagen ausgemachet sein würde, ist doch endlich alles verschwunden und bei der aus Spanien zu erwartenden Antwort wegen Fournierung der Subsidien ganz und gar stecken geblieben, worbei zu remarquieren, dass, da ich in dem grössten fervore negationis begriffen und fast durchaus persuadieret war, dass ich das Glück haben würde zu reussieren, Monsieur de Gremonville mir offenherzig zuvor sagte, dass alle meine Mühe umsonst sein und der kaiserliche Hof anitzo ebensowenig, als vorhin geschehen, die Basserodische Alliance ratificieren würde. —

Dass aber der Hof in diesem Negotio eine so fremde Conduite geführet, will nunmehro dem Fürsten von Lobkowitz einig und allein beigemessen werden, wie denn nach seiner Disgrace[*]) der Graf von Königseck mir selbst gesaget, dass der Fürst die Perfection solchen Foederis blos darum verhindert hätte, weil er wohl gesehen, dass dergleichen Sache dem Kaiser gar zu vortheilhaftig und zu gut gewesen wäre, und muss ich selbst bekennen, dass er hart dagegen gestanden, sich auch einmal, da ich von dieser Materie mit ihm weitläuftig geredet und ratificationem foederis urgieret, folgender Formalien gebrauchet, dass, so wahr Gott sei, der Kaiser per terra[**]) wäre, wenn er dasjenige thäte, worauf ich so stark poussierte, ohne dass er damals andere Argumenta zu Behauptung seiner Opinion anführete,

---

[*]) Ueber Lobkowitz und seine Entlassung 1674 wird weiter unten ausführlicher berichtet.
[**]) So steht in der Handschrift.

als dass der Kaiser nicht nur den Herrn Spaniern, die ohnedem den Beutel nicht mehr rücken wollten, noch grössere Gelegenheit geben würde, die gewöhnlichen ajuti di costa*) zurück zu halten, wenn er ihnen einmal weiss machete, dass er selbst so viel eigener Mittel hätte, woran er Andern Subsidien reichen könnte, sondern auch den deutschen Fürsten den Weg zeigete, hiernächst mit dem Kaiser nichts zu schliessen, es sei denn, dass er den Geldbeutel sogleich darzu legete, welches sie aber niemals im Gebrauch gehabt, sondern wenn sie ja etwan bei vorigen deutschen Kriegen dergleichen Foedera errichtet, so hätte der Kaiser bloss den Namen darzu spendieret, Spanien aber darzu die Gelder hergeschossen, bei welcher Gewohnheit man sie auch anitzo und zukünftigen Zeiten lassen müsste. Allein es war gleichwohl der Credit des spanischen Ambassadeurs und des Hofkanzlers Hocher bei dem Kaiser so gross, dass wenn es ihnen nur ein rechter Ernst gewesen, sie auch gegen des Fürsten von Lobkowitz Willen die von mir gesuchte Ratification befördern können. Vielmehr muss ich darfür halten, dass wie eines Theils der Fürst von Lobkowitz zum Fundament seiner damaligen Consilien gesetzet hatte, dass man Frankreich keinesweges irritieren müsste und er sich also durch Hr. Gremonville's tägliche Remonstrationen dahin bereden lassen, viel lieber mit Frankreich als mit Ew. Königl. Majestät zu schliessen, um jenem die geringste Ombrage nicht zu geben, so konnte auf der andern Seite der spanische Ambassadeur nicht glauben, dass es zwischen Ew. Königl. Majestät und der Krone Frankreich zu einer solchen Confoederation, die ein wirklich Engagement auf dem Rücken trüge, kommen sollte, und wenn es schon endlich geschehe, würde doch zum wenigsten durante minorennitate**), als die

*) Ajuti di costa = Subsidiengelder.
**) Während der Minderjährigkeit Königs Karl XI. von Schweden.

der gemeinsamen Opinion nach noch ein paar Jahr länger dauren müsse, an keine Execution zu gedenken sein und Frankreich unterdessen gute Materie haben, seine Hörner abzulaufen, Spanien aber Gelegenheit, alles zu intriguieren und den damals bevorstehenden Krieg zwischen Frankreich und Holland auf die lange Bank und zu einer Continuation von vielen Jahren zu bringen. Herr Hocher aber hatte dabei noch dieses Absehen, dass wenn der Kaiser sich mit Schweden verbinden würde, vielleicht Frankreich nicht nur seine Intention, Holland zu bekriegen, entweder gar aus den Augen setzen oder aber differieren und Spanien in steter Furcht eines jähen Ueberfalls lassen, ja dieses wohl gar wirklich angreifen oder zum wenigsten die Ungarn, die man dazumal vollends unter das Joch bringen und dero Religion und Freiheit zugleich unterdrücken wollte, en haleine halten und gegen den Kaiser appuyieren dürfte, wie denn eben um die Zeit, da der Tractat mit Gremonville geschlossen*) und der Kaiser für Frankreich sicher war, man zu Pressburg mit Sperrung der evangelischen Kirchen und Schulen und Einziehung der Geistlichen den schönen Anfang zur Reformation in selbigem Reiche gemacht, dass er also in Anschung dessen seinem Herrn am nützlichsten und sichersten geachtet, sich durch jetzt erwähnten Tractat gegen Frankreich à couvert zu setzen, absonderlich da er per ratificationem foederis Basserodiani den rechten Zweck, den man ihrer Seite intendierte, zu erhalten desperierte, welches war die Krone Schweden von Frankreich auf einmal abzuziehen und dasjenige, was Oesterreich durante bello Germanico durch so vielerlei Künste gesuchet hatte, endlich zu erlauren, allermassen Baron l'Isola**), als er mir in einem

---

*) Das 1671 auf Lobkowitz Betrieb zwischen Leopold und Ludwig geschlossene Bündniss, das allerdings ohne Erfolg war.

**) Baron Franz de l'Isola, ein Franzose, in kaiserlichen Diensten

Schreiben aus dem Haag Anno 71 die Difficultäten, so der Vollziehung selbigen Foederis im Wege standen, enumerieret hatte, deutlich genug wies, dass es sich fürnehmlich daran stiesse, que la Suède se voulait reserver la liberté de pouvoir faire d'autres ligues, qui dans la suite du temps pourraient être incompatibles avec celle-ci. Damit es gleichwohl heissen möchte, es hätte der Kaiser grosses Recht, die Alliance nicht zu vollziehen und fürnehmlich der Kurfürst von Mainz genauer hiervon informieret würde, hat Herr Hocher sich sehr angelegen sein lassen, dem zu Anfang des 1671ten Jahres nach Wien geschickten kurfürstlichen Nepoti Herrn von Schönborn operosissime zu remonstrieren, dass Basserode keine Ordres gehabt, also zu schliessen, dass er, was diesfalls geschehen, nur sub spe rati gethan, und zu dem Ende auch seine Vollmacht nicht extradieret, noch ausgewechselt, dass der Kaiser an selbigen Tractat mehr nicht als an ein simpel Project gehalten wäre, und dass man es auch in Schweden selbst nie anders erkennet, vielmehr weniger fremd gefunden, dass die Ratification nicht eben also eingekommen, wie das Project gelautet, sondern man sei ohne grosse Difficultät mit Basserode wieder in Conferenz getreten und habe neue Aufsätze gemachet, welche von den vorigen in verschiedenen Essentialstücken merklich differieret, wie mir denn der Herr von Schönborn den Inhalt des ganzen Discurses, den Herr Hocher mit ihm darüber gehabt, weitläuftig wieder erzählet. Ja was noch mehr war, man difficultierte auch damals diejenigen Puncta, welche in der unvollkommenen Ratification schon nachgegeben waren, und als ich dessen Unbilligkeit remonstrierte, bekam ich zur Antwort, dass es nicht ohne, es wäre der Kaiser gehalten gewesen, den Trac-

---

seit 1639 und als österreichischer Diplomat entschiedener Gegner der Franzosen, † 1671.

tat, wie er ihn ratificieret hatte, zur Execution zu bringen, im Fall Ew. Königl. Majestät selbigen damals angenommen, allein weil dieses nicht geschehen und inzwischen die Affairen sich verändert und die Zeiten eine andere Gestalt gewonnen, sei der Kaiser nicht mehr daran gebunden, sondern man müsste nun wieder von vornen anfangen und um neue Conditiones tractieren. Zwar muss ich dieses gestehen, dass von Ew. Königl. Majestät ich niemals Vollmacht gehabt, selbigen Tractat in Wien zu ajustieren, bin es auch keineswegs in Abrede gewesen, wenn ich merken können, dass die kaiserlichen Ministri solche Corde touchieren wollen, vielmehr habe ich rein ausgesaget, dass wenn in dem schon einmal geschlossenen Tractat etwas zu ändern wäre, es nothwendig zu Stockholm geschehen und also jemand dahin abgefertigt werden müsste, wie wohl noch ein kurzer Weg vorhanden, nämlich den Tractat, eben wie er von Basserode unterzeichnet worden, absque interpolatione et immutatione zu ratificieren und dadurch das von Ew. Königl. Majestät bei Continuation dieser Conduite zu vermuthende Engagement mit Frankreich zu verhindern. Sed surdis narrabatur fabula und liess man mich in den neunten Monat vergeblich herumlaufen. Und wie endlich im Majo Anno 72 auf Ew. Königl. Majestät allergnädigsten Befehl ich den mit Frankreich errichteten Tractat communicieret und sie billig dadurch aufgemuntert werden sollten, auf Mittel und Wege bedacht zu sein, selbigen durch eine andere Alliance mit Ew. Königl. Majestät, soviel sichs immer leiden wollen, kraftlos zu machen, wie ich denn den spanischen Ambassadeur, als den ich anders nicht als ein primum mobile in allen diesen Negotiationen anzusehen hatte, zu dem Ende im Vertrauen animieret, und dass es gar nicht de tempore, sich durch das Foedus mit Frankreich von dem guten Vorsatz mit Ew. Königl. Majestät in ein enges Verständniss zu treten, abschrecken zu lassen, vielfältig remonstrieret, hat man jedoch nicht alleine solches alles ganz und gar aus der Acht gelassen, sondern ist noch dazu mit Bedrohungen herausgefahren und mir ohne Scheu gesaget, dass das Haus Oesterreich nicht eben allemal so hintan zu setzen, sondern vielleicht mit dem ersten in état sein würde, dass abseiten Ew. Königl. Majestät man zu bereuen Ursach haben dürfte, also procedieret zu haben; war auch gar nicht schwer zu merken, dass bei den Conversationen und Visiten man mich nicht mehr mit der vorigen Confidence tracticrete, sondern als eine Person ansah, die sich von ihrem Interesse ganz und gar separieret, und der sie nunmehro nichts als alles Böse zutrauen müssten. Der einzige Fürst von Lobkowitz war es, der Ew. Königl. Majestät Consilia und genommene Mesures mit Frankreich approbierete, sie den kaiserlichen Intentionen gleichmässig und benebenst für die sichersten achtete, weil seiner Meinung nach der Kaiser sich in keine Weitläuftigkeit stecken, sondern immer auf die Türken und Polacken reflectieren müsste; inzwischen aber könnten die Franzosen, Engländer und Holländer ihr grobes Geblüt evaporieren und, so gut ihnen möglich, purificieren lassen. Es wäre auch ganz unnöthig sich ihrer Seite in solche Querelle zu mengen, absonderlich da der Kaiser, wenn er nur mit Ew. Königl. Majestät hierunter einig und Sie an der Hand hätte, den Handel allemal dergestalt moderieren könnte, dass das römische Reich keinen Schaden und Gefahr davon zu gewarten. Alleine es sind diese guten Gedanken und Worte ohne Effect geblieben, an dieser statt aber ist man auf Contra-Liguen bedacht gewesen, hat auch nicht einmal diejenige Commodität, die ihnen aus Anleitung des zwischen Polen und der Ottomanischen Pforte entstandenen Krieges an Hand gegeben worden, einen Tractat mit Ew. Königl. Majestät veranlassen und schliessen zu können, angenommen, ungeachtet ich im Januario Anno 73 zwei unterschiedliche

Vollmachten, deren die eine von der Hochlöbl. Königl. Regierung d. 12. Decembris, die andere aber von Ew. Königl. Majestät selbst den letzten ejusdem Anno 72 unterzeichnet war, in Händen hatte und beide ihnen producieret, auch zugleich angeboten, dass ich bereit, alle Stunden, wenn sie es nur begehren würden, de conditionibus foederis mit ihnen in Conferenz zu treten und die Sache zu einem Schluss, so viel an mir, zu befördern. Vielmehr hat man den polnischen Ablegatis in Wien die schwedische Hülfe unter der Hand suspect zu machen getrachtet, auch auf eben solchen Schlag durch den kaiserlichen Ministrum in Polen agieren lassen, und da ich endlich nach König Michaels Ableben abermal eine Zusammensetzung wegen der zukünftigen Wahl in der Person des Prinzen von Neuburg fürgeschlagen, und alle Fundamenta meinem besten Verstande nach beigebracht, welche den Kaiser obligieren könnten, hierinnen sich mit Ew. Königl. Majestät zu befangen und das Gewisse für das Ungewisse zu nehmen, hat man doch solches alles dergestalt negligiert, dass man mir nicht einmal auf meine Proposition geantwortet, gleich als wenn sie wohl ohne Ew. Königl. Majestät Cooperation einen solchen König in Polen machen könnten, der ihnen angenehm, und dass es nicht eben nöthig einen auf selbigem Thron zu haben, der gleiche Inclination zu Schweden und Oesterreich trüge. Aus welchen und oberzählten allen ich unmöglich anders urtheilen können, als dass weder der Kaiser noch der spanische Ambassadeur noch die andern am Ruder sitzenden kaiserlichen Ministri eine wahre Inclination gehabt, mit Ew. Königl. Majestät und dero Krone ein solches Band zu knöpfen, wodurch Ew. Königl. Majestät in eine solche Sicherheit gesetzet werden könnte, dass Sie auf der deutschen Seiten sich keiner Desavantage aus dem damals meditierten Kriege zu befahren, es möchte auch mit selbigem endlich laufen als es immer wolle.

Hergegen arbeitete der kaiserliche Minister de l'Isola sogleich nach geschlossenem Aachner Frieden, was er immer konnte, die Karte wieder zu brouillieren und die protestantischen Puissances mit Frankreich zusammen zu hetzen, meinete auch, dass es ihnen an gutem Success nicht fehlen würde, absonderlich da er an dem Herrn von Beuningen*) in Holland einen solchen Geist angetroffen, der Frankreich nur je mehr und mehr zu irritieren, alle vom Pensionario de Witt suppeditierte consilia mitiora hintan setzete und in Hoffnung, England auf der Seiten zu haben, es auf die Extremitäten ankommen liess, so dass er auch schon im December Anno 68 aus Mecheln an mich folgende Formalien geschrieben: J'espère que nous ferons quelque chose de bon, et que ceux qui veulent tout engloutir, seront obligés de rendre gorge pour s'être remplis avec trop d'avidité. Im Januario aber Anno 70 war er seiner Sachen noch gewisser und sagte mir im Haag, dass nichts so sicher, als dass Frankreich die vereinigte Niederlande attaquieren werde und zwar fürnehmlich unter dem Praetext, die katholische Religion zu propagieren, welches Letztere er auch in jetzt angezogenem Schreiben nicht undeutlich an den Tag giebet, wäre ihm auch allerdings gelungen, und Frankreich mit denen von der Triple-Alliance fast auf einmal committieret worden, wenn nicht Engeland andere consilia ergriffen und, indem es den Kaiser in selbige Alliance zu nehmen refusieret, der Welt gezeiget hätte, dass es nicht der Meinung war, sich den französischen Desseins zum wenigsten auf die Weise, als es von Oesterreich intendieret ward, zu widersetzen. Man wollte gleichwohl zu Wien die bei Frankreich verspürte Inclination, einen von den also genannten Ketzern anzupacken, nicht verhindern und wurde

---

*) Conrad von Beuningen, ein sehr gescheider und thätiger aber etwas unruhiger und leichtfertiger holländischer Staatsmann, entschiedener Gegner Ludwigs XIV. und seiner Politik.

zu dem Ende mit Monr· de Gremonville in möglichster Secretesse geschlossen und denen autoribus triplicis foederis gezeiget, was sie von Kaiserlicher Seiten für Belohnung zu gewarten, um den König von Frankreich die spanischen Niederlande Anno 68 aus den Rachen gerissen zu haben. Denn ob sie schon sich damit entschuldigen wollten, dass sie wohl begriffen, es könnte Frankreich keinen von denen im Tractat benannten Staaten attaquieren, ohne directe gegen die deutlich abgeredeten Conditiones zu handeln und dadurch also fort den Kaiser von der gegebenen Obligation zu befreien, so kann doch diese Excuse weder respectu der Kron Schweden noch Hollands in Consideration kommen, zumalen da die über einen blossen Durchzug durch die Kreise des Reichs oder aus anderen Ursachen entspringenden Controversien zwischen dem Kaiser und Frankreich mit gutem Fug unter diejenigen zu ziehen waren, welche iuxta tenorem tractatus nicht mit den Waffen, sondern via amicabili ausgemachet werden sollen, zu geschweigen dass der kaiserliche Hof darinnen gegen sein eigenes bei letzten polnischen und dänischen Kriegen gebrauchtes Principium gehandelt, indem er eine principal compaciscierende Krone und zwei in den westphälischen Frieden includierte Status*) abandonieret und so viel an ihm, dem König in Frankreich zur Beute hingegeben, da er doch soutenieret hatte, dass auch propter solam inclusionem in pacem Westphalicam die Königreiche Polen und Dänemark nicht verlassen werden könnten. Ohne ist es nicht, dass es dem Commandeur de Gremonville viel Zeit und Mühe gekostet, ehe er den Hof zu solchem Tractat überreden können, absonderlich weil man zu Wien dafür gehalten, es würden die hitzigen Fürstenbergischen Köpfe**) es dahin bringen, dass

---
*) Schweden, Holland und England.
**) Die drei Fürstenbergischen Brüder, Franz Egon, Bischof von Strassburg, Hermann Egon, Minister des Kurf. von Bayern Ferdinand

aus Occasion des Streits zwischen dem Kurfürsten und der Stadt Cöln, worin sich die Holländer auf Suggestion des Baron de l'Isola gemenget hatten, Frankreich der Republik sogleich in die Haare gerathen, hergegen der Kaiser annoch freie Hände behalten und entweder ohne Mesures mit Frankreich bleiben oder aber, wenn dieses schon engagieret, sich bessere Conditiones von selbigem stipulieren könne. Allein ungeachtet aller von Kaiserlicher Seiten unterlaufender Partialitaeten, um die Fürstenberger zu jetzt erwähntem Zweck desto mehr zu verbittern, wollte es dazumalen zu keiner Thätlichkeit gerathen, und dannenhero musste man endlich zu demjenigen resolvieren, was Gremonville länger als zwei ganzer Jahre urgieret hatte*), sich damit vergnügend, dass es äusserlich schiene, als hätte der Kaiser seinem Amt ein Gnügen gethan, indem er praecavieret, dass kein Circulus Imperii beunruhiget, noch durch selbigen einiger fremder Staat bekrieget werden sollte. In der That aber geschah es zu dem Ende, damit er je eher je lieber die erwünschte Occasion, eine Armee ins Reich zu schicken und auf der Stände Unkosten daselbst ernähren zu können, überkommen möchte, weil man wohl voraussah, dass die Franzosen nicht in Holland fliegen könnten, sondern nothwendig den Burgundischen

---

Maria, und Wilhelm Egon, vertrauter Rath des Kurfürsten Max Heinrich von Cöln, die berüchtigten Vaterlandsverräther. Wilhelm hatte das Bündniss Cölns und Münsters mit Frankreich gegen Holland vermittelt und vielfach gegen Kaiser und Reich intriguiert. Der Kaiser liess ihn 14. Febr. 1074 in Cöln festnehmen und nach Wien bringen, weshalb sich der Cölner Congress auflöste.

*) Der Kurfürst von Cöln bekam 1070 Streit mit der Stadt Cöln. Beide Theile rüsteten, die Stadt bekam von Holland Subsidien, der Kurfürst erhielt Zusicherung französischer Hülfe. Auf Betrieb des Kaisers wurden Unterhandlungen eingeleitet, die 1672 zu einem Vergleich führten. Unterdessen hatte Gremonville das Bündniss des Kaisers mit Ludwig durchgesetzt.

oder Westphälischen Kreis betreten müssten, consequenter so gut als unmöglich wäre, dass eine so insolente Nation sich dergestalt jüngferlich betragen sollte, dass nicht vielfältige Klagen darüber kommen und dem Kaiser also Gelegenheit gegeben würde, seine Truppen unter Vorwand des Schutzes gegen auswärtige Gewalt in das Reich zu senden. Denn gleichwie es principale arcanum dominationis Caesareae ist, einen starken Exercitum in Imperio zu haben und man es zu unsern Zeiten bei den polnisch-dänischen Kriegen gesehen, dass der Kaiser niemals gemeinet, einige Occasion, selbiges ins Werk richten zu können, zu verabsäumen, also hat man auch diejenige, so durch Kur-Brandenburg suppeditieret worden, keineswegs aus den Händen gelassen, sondern dem Fürsten von Anhalt, der von Berlin nach Wien geschicket war, dergestalt begegnet, dass es in kurzem zu einer Alliance mit dem Kurfürsten und Abordnung einer Armee ins Reich gediehen. Zwar es wollte der Fürst von Lobkowitz solches Engagement mit Brandenburg gegen den Kurfürsten von Mainz, welcher die daraus unfehlbar entstehenden Inconvenientien im Reich klar und deutlich voraussah und dahero solche Verknüpfung getreulich widerrieth, also excusieren lassen, dass man Kur-Brandenburg als ein ungezäumtes wildes Pferd considerieret, welches zu besänftigen man ein ander gezähmtes und gelindes Ross beigesellen müssen, damit es sich nicht à corps perdu in eine Partei würfe, woraus dem Reich ein Praejudicium zuwachsen könnte; ja es würde das ganze Werk keinen Effect haben, sondern sich schon Mittel zeigen, dasjenige was etwan ein und ander darinnen suchte, zu detournieren, absonderlich wenn man dem Kurfürsten den General Montecuculi an die Seite setzen sollte. Allein wie wir endlich wohl glauben können, dass dieses des Fürsten veritable Intention gewesen, auch sich in dem Effect gezeiget, dass man nicht sogleich den Krieg ins

Reich ziehen wollen, also ist daneben zu betrachten, dass
es schon dazumal in des Fürsten Mächten nicht gestanden
alles nach seinem Zweck zu dirigieren, sondern es waren
unterdessen andere nach Weitläuftigkeit sich sehnende Consilia
darzwischen kommen, auch dem spanischen Ambassadeur nicht
mehr schwer, die Ministros nach und nach quovis modo zu
gewinnen, nachdem er bereits 8 Monat zuvor und also eine
gute Weile vor Anfang des Krieges das Glück gehabt, vom
Kaiser selbst mündliche und schriftliche Versicherung heraus-
zufischen, dass er sich in diesem Kriege mit der spanischen
Conduite allerdings conformieren wollte. Aus der Boutique
der spanisch Gesinneten kam es auch her, dass man sich
durch die mit Kur-Brandenburg errichtete Alliance an Ew.
Königl. Majestät wegen des mit Frankreich getroffenen Foederis zu revangieren gedachte, indem man nicht allein einen
Punct von der Stadt Bremen*) in die Articulos secretos mit
eingeflicket, sondern auch den Schluss und summam foederis
für mir allerdings heimlich gehalten und also die von Ew.
Königl. Majestät durch Communication der mit Frankreich
geschlossenen Alliance erwiesene Sincerität keinesweges ini-
tieret und mir eher nichts davon gesagt, bis ich mich derentwegen unnütze gemacht und beschweret. Es wurde mir aber
solch Werk mit folgenden Conditionen fürgemalet, dass nämlich der Kaiser bloss zu Versammlung einiger Truppen auf
seinen Grenzen, nicht aber eine Conjunction der Waffen mit
Kurbrandenburg resolvieret, auch zu selbiger nicht schreiten
würde, im Fall Frankreich weiter nichts gegen das Reich
tendierete, ja dass man sich auch gegen den Bischof von

---

*) Bei der Abtretung des Herzogthums Bremen an Schweden 1618
war das Verhältniss der reichsunmittelbar bleibenden Stadt Bremen
unklar geblieben. Daher fortwährende Streitigkeiten und sogar Feind-
seligkeiten zwischen der schwedischen Regierung und der Stadt, deren
sich der Kaiser annehmen musste.

Münster um desjenigen willen, was bereits passieret, nicht rühren wollte, welches alles, wie es nachgehends gehalten worden, der Ausgang am besten gezeiget hat. Inzwischen war ich unvergessen gewesen, sobald nur aus der Marche des Königs in Frankreich abzunehmen stand, dass er vorerst die Clevischen Plätze attaquieren würde, bei den kaiserlichen Ministris vorzubauen und sie zu ersuchen, dass man dadurch keine Gelegenheit nehmen möchte, den Frieden im Reich zu troublieren, offerierend zu dem Ende Ew. Königl. Majestät Officia und zwar auf folgende Weise, dass man wenn der Kaiser durch seine Autorität zu Wege bringen wollte, dass Kur-Brandenburg die Holländische Garnisonen mit guter Manier aus seinen Städten ausschaffete oder aber genugsame Versicherung gebe, dass der König von Frankreich, als der sie anderer gestalt nicht auf dem Rücken lassen könnte, keine Feindseligkeit von ihnen zu befahren haben sollte, Ew. Königl. Majestät erbötig wären, dero Wohlvermögen bei Frankreich dahin zu employieren, dass solche Plätze nicht einmal mit den Waffen angegriffen werden sollten. Aber ich habe auf solche meine Proposition nicht einmal eine formelle Antwort bekommen, sondern darinnen sowohl als mit der Assistenz, die ich dem Kur-Bayrischen Gesandten*), der expresse nach Wien kommen war, den Kaiser von einem Engagement und Marche ins Reich zu detournieren, treulich und unverdrossen geleistet hatte, allerdings vergeblich gearbeitet, und — die Wahrheit zu bekennen — kam mir diese Kaltsinnigkeit der kaiserlichen Minister in re tanti momenti nicht wenig verdächtig für, absonderlich nachdem ich zwar wusste, dass ein Tractat zwischen dem Kaiser und Frank-

---

*) Bis zum Jahre 1679 war in Baiern der französische Einfluss so überwiegend, dass es im Reichskriege neutral blieb und auch andere deutsche Staaten, wie Kursachsen, für Frankreichs Interessen zu gewinnen suchte. Nachher gewann die deutsche Partei die Oberhand.

reich gemachet war, aber nicht sogleich dahinter kommen konnte, worinnen selbiger bestanden und was er eigentlich in sich gehalten, welchen Argwohn mir der Commandeur Gremonville durch seine Conduite nicht wenig vermehrete, indem er nicht allein die unvermuthete Progressen seines Königes in Holland, worvon er durch einen Courier nach dem andern eigentlich informieret ward, dem Kaiser in absonderlich darzu begehrten Audienzen als eine höchst angenehme Zeitung hinterbrachte, sondern dabenebenst eine sonderliche Vertraulichkeit mit den kaiserlichen Ministris simulierte und sie mit Discursen und Conferenzen ad nauseam usque unterhielt, zugleich auch alles, was er that, mit dem Nuncio Apostolico überlegte und dadurch viele glauben machte, dass der in Holland angefangene Krieg mit Gutbefinden des Stuhls zu Rom und zum Theil zu dessen Avantage geführt würde, wie denn deutlich zu sehen ist, dass in einer für den gesammten Conferenzräthen über der ersten Marche der kaiserlichen Truppen gehaltenen Rede, die hernach im Druck kommen und viel Bruits gemachet, die stärkesten von Gremonville angeführten Argumenta incrementum religionis papisticae betreffen, und als ein caput Medusae den kaiserlichen Ministris und dero weichem Gewissen in diesem Stück objicieret werden. Ich bin nichtsdestoweniger meinen grossen Weg fortgegangen und beschäftigt gewesen, sowohl den Ministris als dem Kaiser selbst zu remonstrieren, wie die Conjunction mit Kur-Brandenburg und dessen Conduite eben das rechte Mittel wäre, Deutschland unter sich in Zwiespalt und Zerrüttung zu bringen und consequenter in den äussersten Ruin zu setzen, fand aber um so viel desto weniger Gehör, als dieses bei den Kaiserlichen gar keine Argumenta waren, sie zu dehortieren, sondern viel mehr Incentiva, dass sie der Gelegenheit wahrnehmen und die deutschen Fürsten enervieren und abmatten sollten. Und aus diesem Fundament ist hergeflossen, dass man eines Theils den Kurfürsten von Cöln und die Fürstenberger gereizet und gleichsam mit Gewalt von sich abgestossen, anderntheils aber gegen den Bischof von Münster niemals diejenige Media gebrauchet, welche das kaiserliche Amt und die Reichsconstitutionen, im Fall man sich selbiger zu dessen Ruhestand bedienen wollen, suppeditierten, das Feuer in der Aschen und ehe es in die Flamme ausgeschlagen zu dämpfen. Vielmehr hat man es fomentieret und aufgeblasen und sich also des daraus entstandenen Unheils theilhaftig gemachet, ja es selbst gestiftet, cum ipse committat, qui cum impedire possit et debeat facere id tamen detrectat. Daher kam es auch, dass als mir kund gethan war, wie Ew. Königl. Majestät dero Mediation den kriegenden Parteien offerieren wollten und ich dannenhero den kaiserlichen Ministris zugleich fürgeschlagen und es etliche Monat nacheinander stark poussieret, dass entweder der Kaiser selbst sich in opere isto salutari Ew. Königl. Majestät adjungieren, oder dass es das gesammte Reich thun möchte, durch sein hohes Ansehen bei den Ständen zu Wege bringen möchte, doch solches alles nicht geachtet, sondern ich vielmehr mit kahlem Entschuldigen abgewiesen worden, dass nämlich der Kaiser einmal in causa Lotharingica*) mit der Mediation bei Frankreich nicht fortkommen können, sondern sei nur bei der Nase herumgeführet worden, hielte dannenhero seiner Reputation nicht gemäss, sich auf ein neues darmit zu prostituieren, werde sich darbenebenst noch weniger thun lassen, dass das Reich die Mediation offeriere, nachdem malen dessen

---

*) Ludwig XIV. hatte 1670 Karl IV. von Lothringen verjagt und sich seines Landes bemächtigt, weil er das Ludwig gemachte Versprechen, sein Land nach seinem Tode an Frankreich abzutreten, zurückgenommen und den Holländern Hülfe zugesagt hatte. Die Intercession des Kaisers durch Windischgrätz in Paris war vergeblich. Erst der Sohn seines Neffen, Karls V., wurde 1697 wieder eingesetzt.

Haupt aus jetzt angezogener Ursache nicht dabei sein könne. Ja als einige Kurfürsten und Fürsten temoignierten, dass sie zugleich mit Ew. Königl. Majestät sich der Mediation zu unternehmen Lust hätten, vermeinte man sie erst damit abzuschrecken, dass Ew. Königl. Majestät keinen Socium neben sich leiden würden. Als ich aber ex praesumpta voluntate Regia und nachgehends auf erlangten allergnädigsten Specialbefehl das Contrarium, und wie Ew. Königl. Majestät alle unengagierte Kurfürsten und Fürsten als Commediatores gerne neben sich haben könnten, öffentlich bezeuget, wollte man zwar äusserlich das Ansehen haben, als wenn man solch Fürnehmen approbierte und dass es zum Effect gedeihen möchte, wünschete, allein man bedingete gleich anfangs, dass der Kurfürsten und Fürsten, die sich solches Werks unterfangen wollten, gar eine geringe Anzahl sein müsste, um sie darüber in Zank und Jalousie zu bringen, künstelte auch darmit so lange, bis nichts daraus und alle dabei geführte gute Intentiones verstöret worden, bloss zu dem obberührtem Ende, dass nämlich inzwischen die spanischen Visées errichtet und ganz Deutschland in den Krieg enveloppieret werde, wie solches das im Oct. ao. 72 von L'Isola im Haag eingereichte Memorial seltsam an den Tag giebet. Ist eben auch darum geschehen, dass das auf Ew. Königl. Majestät inständiges Anhalten von Frankreich zugestandene Armistitium in Holland refusieret worden. Denn ob mir wohl Ihr. Hocher weiss machen wollte, es hätten die Hhn. General-Staaten den Stillstand, [ohne zuvor mit ihren Alliierten darüber communicieret zu haben, abgeschlagen, so zeigete doch der zwischen dem Hr. Ambassadeur Ehrenstein und Baron l'Isola damals im Haag gehaltene Discurs allerdings das Contrarium, und wurde dabenebenst von dem spanischen Ambassadeur und dem Fürsten von Schwarzenberg in Wien mit grossen und weitläuftigen Deductionen gegen mich behauptet, dass Holland hierzu trifftige Motiven gehabt und anders nicht thun können, wenn es sich von einem unfehlbaren Untergang befreien wollen, woraus nicht undunkel abzunehmen, dass de L'Isola ausdrücklich beordert gewesen, die Acceptierung des Armistitii in Holland nach aller Möglichkeit zu traversieren. Was für Nutzen aber es dem Herzog von Neuburg zu Wege gebracht, dass er sich bei der am kaiserlichen Hof unvermutheten Reconciliation des Kurfürsten von Brandenburg mit dem König in Frankreich interessieret*) und daran gearbeitet hat, solches werden Ew. Königl. Majestät sich sowohl aus dem, was Hochged. Herzog bei Deroselben anbringen lassen, als auch was ich derentwegen von Wien aus unterthänigst referieret, allergnädigst erinnern. Mit einem Wort, es hat er, der Herzog, solcher seiner gemeinnützigen und recht patriotischen Intention allein zu danken, dass seine Jülich-Bergischen Lande auf den äussersten Grad ausgesogen und ihm der Process mit etlichen seiner ungehorsamen Landstände unerträglich gemachet worden. Damit aber die spanische Intention, Frankreich mit Deutschland an einander zu hetzen und gleichsam eines mit dem andern zu castigieren, nicht so gleich im Anfange gehindert, sondern vielmehr zum völligen Effect gebracht werden möchte, haben die von L'Isola nach dem französischen Vergleich mit Kur-Brandenburg im

---

*) Der Pfalzgraf von Neuburg, der sich 1666 mit Kurbrandenburg so verglichen hatte, dass er Jülich und Berg, der Kurf. von Brandenburg dagegen Cleve, Mark und Ravensberg behielt, bemühte sich 1673 Kurbrandenburg mit Ludwig zu versöhnen. Vgl. Pufendorf res gestae Fried. Wilh. XI., §. 22 u. 88. Dies führte im Juni zum Frieden von Vossem, den Kurfürst Friedrich Wilhelm in seinem Unmuthe über den vom Kaiser matt geführten Krieg und aus Besorgniss vor seinen eifersüchtigen Nachbarn mit Ludwig abschloss. Doch nach der kräftigern Erhebung des Kaisers trat er 1674 wieder gegen Frankreich auf.

Haag gemachten Projecte vom kaiserlichen Hof approbieret, die dem holländischen Envoyé zu Wien desfalls gegebene Resolution sogleich divulgieret und Frankreich gegen Kur-Trier dadurch irritieret, hingegen aber das von Kur-Bayern und Pfalz Neuburg wie auch nachgehends von Ew. Königl. Majestät fürgeschlagene Expediens, die kaiserlichen Truppen zugleich mit den französischen aus dem Reich zu bringen, ganz und gar verworfen und alle Abmahnung ungeachtet der andere Marche ins Reich fortgesetzet werden müssen, wie denn aus demjenigen, was im Namen Ew. Königl. Majestät ich zu Eger*) proponieret und bei solcher Negotiation fürgangen, sonnenklar zu Tage getreten, dass Ew. Königl. Majestät Consilia in ordine ad praesentia tempora, dass nämlich reductio pacis in Hollandia et conservatio pacis westphalicae ut res compatibiles et simul ac semel tractieret und keines dem andern opponieret werden müsste, den Oesterreichern nicht angestanden, und dass die unausbleiblich erfolgende Desolation und Unterdrückung der deutschen Stände sie nicht mehr afficieret und zum Mitleiden bewogen, als wenn theatrum miseriarum nicht in dem Vaterlande und für der Thür, sondern etwan in Chili und terra Magellanica zwischen den allerwildesten Menschen sein sollte. Ja es sagete mir Herr Markgraf Hermann von Baden**) in Eger ganz ungescheuet, dass wenn der Kaiser nur Miene machete,

---

*) Im August 1673 wurden die kaiserlichen Truppen zum „zweiten Marsche" ins Reich (Feldzug 1673) bei Eger gemustert. Dort traf der Kaiser Leopold mit dem Kurfürsten von Sachsen Johann Georg II. zusammen, der sich von den französischen Connexionen losgemacht und sein Contingent zum Kriege gegen Ludwig herbeigeführt hatte. Natürlich suchte Schweden die Kriegslust der Deutschen zu dämpfen, daher war Pufendorf in Eger.

**) Hermann von Baden, kaiserlicher General, vom Mkg. Friedrich von Baden, dem Reichsfeldmarschall zu unterscheiden.

dass er mit der Armee nicht sogleich fort marschieren und mit Holland sich conjungieren wollte, der Friede unausbleiblich erfolgen würde, gleich als wenn dem Hause Oesterreich nichts Schädlichers widerfahren könnte, als wenn viribus Galliae integris und noch darzu mit dessen Avantage die Sachen wieder zum friedlichen Stand gerathen sollten. Wie schwer und langsam es ferner hergegangen, ehe man den zu Cöln angestellten Convent beschicket und wie zum Praetext dieser Kaltsinnigkeit gebrauchet worden, dass Frankreich allein mit Holland cum exclusione Imperatoris et Regis Hispaniarum tractieren wollte, auch endlich, als dieser Praetext durch eine formelle Declaration des Königs in Frankreich weggenommen war, Baron de l'Isola und nachgehends Herr Fischer gen Cöln abgefertiget gewesen, aber mehr die Tractaten difficil zu machen und endlich ganz zu rompieren als zum Schluss zu befördern, hat man aus der ganzen Conduite des kaiserlichen Hofes und dem Eventu selbst deutlich colligieren können, denn wenn sie nicht vorausgesehen und selbst daran gearbeitet, dass die Tractaten sich entweder fruchtlos zerschlagen oder auf die lange Bank kommen würden, hätten sie den Grafen von Königseck, der Caput commissionis Caesareae sein sollen, nicht zu Hause gelassen, noch aus Anleitung des zwischen Spanien und Holland im Aug. ao. 1673 getroffenen Foederis unnöthige Ursache arripieret, formam tractatus zu verändern und neue Praeliminaria zu begehren, massen solches alles zu dem Ende geschah, damit sie die Sache nach ihrem Belieben trainieren und Ew. Königl. Majestät Mediation mit der Zeit ganz excludieren könnten, indem sie dergleichen Commediatores beizufügen trachteten, welche ihrem eigenen Bekenntniss nach mit Ew. Königl. Majestät allerdings incompatibel. Alle Zeit hat der Hofkanzler Hocher selbst mir zu verschiedenen Malen gestanden, dass wenn der Papst Ew. Königl.

Majestät in der Mediation adjungieret werden sollte, er gar leicht voraussehe, was für Difficultäten daraus entspringen dürften. Und gleichwohl ist es gewiss, dass man die päpstliche Mediation zu Wien positive angenommen, nur allein dieses begehrend, dass der Papst nicht sofort darauf dringen sollte, dass es publicieret werde, in Betrachtung dass man wichtige Ursachen hätte, warum man es noch auf eine Zeit heimlich gehalten haben wollte. So ist auch Niemand als Oesterreich schuld daran, dass durch Urgierung der Passporten für die lothringischen Deputierten der Tractat schon vom 9ten Octbr. st. n. ao. 73 ins Stocken gebracht worden, massen Spanien in der den 30. Aug. selbigen Jahres mit Holland gemachten secreten Alliance ausdrücklich stipulieret, dass der Tractat zu Cöln länger nicht continuieret werden sollte; kam auch der Einwurf mit Lothringen bloss darum für den Tag, damit man der Welt die Augen verkleistern und die Schuld des interrumpierten Tractats auf Frankreich wälzen könnte. Als sie sich aber befahren mussten, dass auch diese Difficultät durch der Mediatoren unermüdeten Fleiss und Dexterität gehoben werden dürfte, wurde der Prinz von Fürstenberg aus Cöln enlevieret und, gleich als wenn dieser Cuneus noch nicht stark genug wäre, kurz hernach die französischen Gelder in jetzged. Stadt angehalten und also Legati Gallici gleichsam mit Gewalt weggetrieben und mithin der Tractat allerdings rompieret. Und zwar hat man, solche Ruptur zu procurieren, um so viel mehr eilen müssen, als Hispani schon vorausgesehen, dass Ew. Königl. Majestät Ministri zu Cöln einen solchen Weg gingen, der das Werk nothwendig zu einem Schluss führen musste, im Fall man nur etliche Monat beisammen bleiben könnte, wie der Hr. Hocher selbst diejenigen Conditiones, welche die Hn. Mediatores aufgesetzet und ich den 16 — 26. Septbr. ao. 73, nach dem der Kaiser vom Lager wieder kommen war, communicieret und zugleich begehret, dass man mit Ew. Königl. Majestät darüber gewisse Mesures nehmen und sich verbinden solle, zu improbieren nicht vermocht, sondern allein gesaget, dass er sie zuvor dem spanischen Ambassadeur zeigen und mit ihm darüber conferieren wollte. Aber ich habe weder damals zu Wien noch folgends zu Grätz, allwo man doch durch Ankunft des Kur-Brandenburgischen Abgesandten Herrn von Marenholtz, welcher das Friedenswerk befördern und den Stillstand der Waffen aufs neue proponieren sollen, die beste Gelegenheit darzu gehabt, die geringste Antwort darauf bekommen können, gleich als wenn die Sache nicht einmal von dem Gewicht wäre, dass man davon redete, ungeachtet eben dieses des Grafen von Sternberg*) Negotiation allhier facilitieren und, wenn es vom Kaiser und seinen Alliierten angenommen, von Frankreich aber abgeschlagen worden, der ganzen Welt für Augen legen können, dass Frankreich den Frieden nicht gewollt, sondern alle von den Mediatoribus selbst für billig erkannte Conditiones muthwillig und freventlich verworfen und sich also selbst in den Tort erkläret hätte. —

Was bei meiner Negotiation de ao. 74 fürgelaufen, da von Restitution des Prinzen von Fürstenberg und der abgenommenen französischen Gelder in Cöln, nachgehends aber de reassumptione tractatuum, wie auch der formellen Annehmung Ew. Königl. Majestät Mediation gehandelt worden, davon ist einige Meldung zu thun unnöthig, weil die darauf von Ew. Königl. Majestät nach Wien geschickte solenne extraordinaire Ambassade**) ietztgenannte Puncta insgesammt

---

*) Graf Sternberg, kaiserlicher Gesandter in Stockholm 1674.

**) Zu Ende des Jahres 1674 wurde Benedict Oxenstjerna nach Wien geschickt, um den beabsichtigten Angriff der Schweden auf Brandenburg zu entschuldigen und den Kaiser mit Ludwig auszugleichen. Der Gesandte sollte da wieder anknüpfen, wo in Cöln wegen der Verhaf-

ajustieren und zur Richtigkeit bringen sollen und diesem nach nicht ermangelt haben wird, von dem Ausgange gebührende Rechenschaft zu geben. Nur habe ich dieses anzuhenken, dass für Ankunft des Herrn Legati niemand der kaiserlichen Minister sich nur mit einem Wort gegen mich merken lassen, dass man ihres Orts Willens sei, der Annehmung Ew. Königl. Majestät Mediation eine solche Condition anzuheften, wie hernach geschehen, wiewohl ich zugleich gestehe, dass ein guter Freund mich versichert, von dem spanischen Ambassadeur gehöret zu haben, dass dergleichen Consilia auf der Bahn wären, die aber in der That keinen andern Scopum hätten, als dass man Ew. Königl. Majestät von der Mediation ganz und gar auszuschliessen gedächte. Also hat man mir auch die Sache des Prinzen von Fürstenberg nicht so schwer gemachet, als man in denen dem Herrn Legato ertheilten Resolutionen gethan, sondern Herr Hocher hat mir gleich anfangs gesaget, es auch nachgehends verschiedentlich wiederholet, dass dem Prinzen mit einem schleunigen Frieden am besten gedient und dass derjenige, welcher dessen Freiheit verlangete, selbigen zu befördern trachten müsse, er aber würde indessen, absonderlich wegen Ew. Königl. Majestät Intercession, keine Noth haben. Woher es aber kommen, dass man in oberzählten Stücken endlich so difficil worden und je mehr und mehr reculieret, kann ich so eben nicht sagen; mag wohl sein, dass sie sich damals noch grosse Streiche, so die Alliierten in Elsass thun würden, eingebildet und, weil der Pas einmal gethan, nachgehends zu relachieren Bedenken getragen, oder aber dass sie nicht viel darnach gefraget, dass Ew. Königl. Majestät mit ins Spiel kämen und absonderlich Kur-Brandenburg angriffen, weil sie hofften,

---

tung des Wilhelm von Fürstenberg abgebrochen worden war. Diese Sendung hatte eben so wenig Erfolg als die diplomatische Thätigkeit Pufendorfs.

dass hierdurch vollends ganz Deutschland und Dänemark engagieret und Kräfte genug zusammengebracht werden sollten, die beiden Kronen*) auf einmal und zugleich aus ihren beim vorigen Kriege erlangten Vortheilen zu delogieren, wie ich mich denn vom Reichsvicekanzler mehr als einmal gehöret zu haben erinnere, dass sobald Ew. Königl. Majestät zu den Waffen greifen würden, es nothwendig zu einem Universalkriege kommen müsse; habe auch nach der Zeit vernommen, dass de l'Isola kurz vor seinem Ende gesaget haben solle, dass es dem Kaiser vortheilhaft wäre, wenn Ew. Königl. Majestät vollends zu einer Ruptur schreiten wollten.

Sonsten war es dem kaiserlichen Hof eben Wasser auf die Mühle, dass Frankreich sich mit Kur-Pfalz übereilet und selbigen Herrn so unvermuthlich als Feind tractieret**), bin auch in dem Argwohn, dass die Spanier selbst die mit dem Kurfürsten gemachten Projecta von einer Confoederation durch die dritte oder vierte Hand an Frankreich communiciret haben, um dieses zu einer unzeitigen Rache und Praecipitanz zu provocieren und hergegen dem Kurfürsten Ursache zu geben, dass er sich ganz und gar mit Oesterreich befangen und bei dem Reichstage und sonsten überall ein gross Geschrei machen und das kaiserliche Procedere also justificieren musste, gestalten die an dem kaiserlichen Hofe verspürte Freude über den Einfall der Franzosen in die Pfalz und Eroberung des Schlosses Germersheim mich in solchem meinem Soupçon nicht wenig bekräftiget. Gleich wie sie nun darinnen das Glück gehabt, dass des Kurfürsten Desideria auf

---

*) Frankreich und Schweden.

**) Das übermüthige Verfahren Ludwigs gegen den Kurfürsten Karl Ludwig und die Verwüstung der Pfalz durch Turenne, führte 1674 zu entschiedenen Massregeln des Kaisers in Wien und in Regensburg, die freilich der schwedische Gesandte von seinem Standpuncte aus missbilligen musste.

dem Reichstage per majora den verlangten Applausum überkommen, also sind sie auch hernach mit ihren Sachen für den Tag gewischet und garantiam circuli Burgundici gegen Frankreich begehret, welche sie fast eadem facilitate, als sie es proponieret, erhalten und dadurch der Welt abermals gezeiget haben, dass der Kaiser kaum etwas so Absurdes und den Ständen selbst Praejudicierliches desiderieren und auf die Bahne bringen könnte, das ihm auf einem Reichstag per pluralitatem votorum nicht accordieret werde, wenn er nur um selbe Zeit einen starken Exercitum in dem Reich distribuieret hat und also im état ist, sogleich mit Einquartierung und Oppression sich an denen zu revangieren, die nicht nach seiner Pfeife tanzen wollen. Drumm habe ich eben gesaget, dass Consilia Caesarea dahin gehen, keinen einzigen Praetext, eine Armee den Ständen über den Hals schicken zu können, aus den Händen gehen zu lassen und dass, je stärker selbige sei, je weniger sie dem Kaiser kosten werde, wie mir denn einer von den geheimen Räthen einmal sagte, dass der Kaiser ohne seine Unterthanen zu incommodieren nicht 24,000 Mann halten könnte, aber wohl 70 bis 80,000, weil alsdann Status Imperii sie wohl ernähren müssen, wenn er nur einigen Schein hätte, sie bei ihnen einzulogieren. Und eben zu einer solchen Zeit und in ejusmodi comitiis armatis ist es geschehen, dass Kaiser Karl V. den burgundischen Kreis und Lothringen an das Reich geflicket und dadurch seinem Hause die Gelegenheit in die Hände zu spielen getrachtet, durch welche sie vires Germaniae zur Defension des österreichischen Patrimonii gegen Frankreich gebrauchen und mithin in perpetuum Gelegenheit haben könnten, das Reich in alle ihre Querellen zu mengen und es so lange zu exercieren und auszumergeln, bis es endlich das Joch vollends über den Hals nehmen müsste. Denn obwohl viele von den Ständen damals voraus sahen, dass

Deutschland, welches eine lange Zeit vorher und nachdem man die Römerzüge an die Wand gehangen, sich in fremde Händel nicht gemenget hatte, aeternam litis materiam mit Frankreich hiedurch bekommen und sie darüber allerhand Vexationen, ja der Gefahr, ganz opprimieret zu werden, unterworfen sein würden, auch etliche das Herz hatten ao. 1548 auf dem Reichstage dergleichen Remonstrationes zu thun und sich solchem schädlichen Dessein zu widersetzen, so mochte doch solches alles nicht helfen, sondern die Autorität und Macht des Kaisers, als welcher dazumal den Kurfürsten von Sachsen und Landgrafen Philipp von Hessen, die zwei mächtigsten Fürsten in Deutschland, in seinen Klauen hatte, drang hindurch und brachte zu Wege, dass pondus et gravitas rationum pluralitati votorum nachgeben musste. Zwar bei dem westphälischen Friedensschluss ist man mit Hülfe der beiden Kronen bedacht gewesen, durch Fabricierung des §. „Et ut eo sincerior" und Abschneidung der lothringischen Controversie, die hundert Jahr zuvor gemachte Faute ex parte zu reparieren*). Allein es hat jedoch dieser Kaiser das Tempo getroffen, dass die Stände dasjenige, was daselbst in ipsorum favorem zum Theil mit introducieret war, anjetzo entweder aus Zaghaftigkeit oder Praecipitanz selbst wieder übern Haufen geworfen haben. So lange nun die Stände

---

*) Nach dem mit den im Texte angeführten Worten beginnenden Passus des Münster'schen Friedensinstrumentes (Instr. Pac. Caesareo-Gallicae) sollte bei künftigen Kriegen zwischen Frankreich und Spanien, die wegen des beim Reiche verbleibenden burgundischen Kreises (spanischer Niederlande) leicht Collisionen herbeiführen konnten, das Reich keinen von beiden Theilen unterstützen, doch der einzelne Reichsstand jedem von beiden Theilen ausserhalb der Grenzen des Reiches den Reichsconstitutionen gemäss helfen können. Die Differenzen Frankreichs mit dem Herzog von Lothringen sollten auf friedlichem Wege ohne bewaffnete Einmischung des Kaisers und der Reichsstände ausgeglichen werden.

sich nicht selbst aus dem Labyrinth, darin sie wegen illimitierter Uebernehmung ietzt erwähnter burgundischer Garantie und fremder Kriegeslast gerathen, helfen wollen, so vermag ich nicht abzusehen, dass der Kaiser so grosse Ursache habe, nach ietzt gestalteten Sachen einen Frieden zu begehren, in Erwägung dass selbiger zu schlechter Avantage seines Hauses gemachet werden kann. Vielmehr habe ich vorhin soutenieret und kann auch noch aus angeführter kaiserlicher Conduite nicht anders schliessen, als dass der Kaiser keine wahrhafte Intention jemals gehabt noch jetzund habe, Holland und die Stände aus der Ungelegenheit, darin sie gestecket und zum Theil noch stecken, heraus zu reissen und ihnen zu einem vortheilhaften Frieden zu verhelfen, sondern er wolle und werde den Krieg so lange continuieren, als Holland und das Reich die Unkosten und die Haut darzu fournieren und darleihen wollen, damit inzwischen das Haus Oesterreich eine Resolution der französischen Progressen abwarten und dermaleinsten dasjenige obtinieren könne, was das Glück Carolo V. versaget oder differieret.

Dass denen bedrängten Evangelischen in Schlesien und in specie noch übrigen der augsburgischen Confession zugethanen Ständen in den beiden Fürstenthümern Troppau und Jägerndorf, benebenst der im Jägerndorfischen belegenen Stadt Leobschütz einige Erleichterung widerfahre und sie bei derjenigen Gewissensfreiheit, die ihnen der ossnabrückische Friedensschluss procurieret*) und worinnen man sie bis ao. 70 ungekränkt gelassen hatte, mainteniert, die Missionarii hingegen abgeschaffet werden möchten, ist der andere Punct gewesen, welchen ich an dem kaiserlichen Hof zu negotiieren gehabt, aber mit was Effect und Nutzen, soll hernach gesaget werden, wenn ich vorerst in genere den Zustand der

---

*) Vgl. Instrumentum Pacis Caesareo-Succicae V, 13.

Evangelischen in den kaiserlichen Erblanden und Königreich Ungarn kürzlich depingieret habe. So ist demnach zu wissen, dass weder in den voröstereichischen Landen, als Breisgau, den 4 Waldstädten und Tirol, noch in den innerösterreichischen als Krain, Kärnthen und Steiermark, noch im Ländlein ob der Enss, noch in Böhmen und Mähren ein Evangelischer in so ferne geduldet wird, dass er sich daselbst häuslich niederlassen und etwas Eigenes kaufen dürfte: nur allein in Unterösterreich ist die noch übrige wenige Noblesse bloss für sich, nicht aber dero Unterthanen, in Kraft des westphälischen Friedens, in der Stadt Wien aber die Compagnie der fremden Kaufleute aus der Schweiz, von Nürnberg, Augsburg, Ulm und andern Oertern, die man insgemein von der Niederlage nennet, dergestalt tolerieret worden, dass sie insgesammt das Exercitium Religionis in den nächsten ungarischen Oertern besuchen, diese auch noch Häuser und Gärten in der Stadt Wien kaufen können. Dennoch aber kann es mit der Noblesse darum keinen Bestand haben, weil so bald ein Hausvater die Augen zuthut, ungeachtet der von ihm gemachten Disposition, die Kinder der Mutter und evangelischen Vormündern mit Gewalt weggenommen, katholischen Tutoribus in die Hände gegeben und in selbiger Religion erzogen werden. Ja wann man etwan Gelegenheit gehabt, die Kinder sogleich bei dem Absterben der Eltern auf die Seite und in das Reich zu bringen, werden die Mütter und Vormünder mit grossen Geldbussen, ja gar mit schweren und langwierigen Gefängnissen, massen ich selbst an einer fürnehmen Dame, deren Geschlecht mir gegenwärtig nicht beifällt, gesehen, dahin angehalten, solche Kinder wieder herbeizuschaffen und der katholischen Auferziehung zu unterwerfen, in welchem Stück man dergestalt scharf ist, dass auch die evangelischen Reichshofräthe, sie sind Herren, Standespersonen oder nicht, wenn sie in dem unterösterreichischen

Adel- oder Landhause recipieret und etwas Eigenes auf dem
Lande besitzen, daran nicht befreiet sind, ungeachtet Instrumentum
Pacis und die Kaiserliche Wahlcapitulation ihnen
unbeschwächte Gewissensfreiheit allerdings asserieren und
verleihen sollten. Also ist es auch mit denen von der Niederlage
eine ganz geringe und unbeständige Sache, wie auch
ihre Anzahl je länger je dünner, zumalen da es den Pfaffen
solten an Gelegenheit mangelt, dann und wann einen von
den jungen Leuten auf ihre Seite zu bringen und zum Abfall
zu bewegen. Zwar brauchen die Evangelischen hergegen
diese Praecaution, dass sie ihre Kinder gar jung ausschicken
und in der Fremde erziehen lassen, bis sie ihre unmündigen
Jahre abgeleget und alsdann keiner katholischen Tutel mehr
unterworfen sein dürfen, war auch noch ziemlich bequem,
dass die von Adel sowohl als die Kaufleute aus Wien ihre
Kinder nach Pressburg, Oedemburg, Epperies, Leutschau
und andere Orte in Ober- und Niederungarn, weil jedes
Mittel sich so weit nicht strecken, eigene Praeceptores zu
Hause zu halten, schicken und daselbst in der wahren Religion
und Erlernung freier Künste und Sprachen erziehen
lassen könnten, wie denn auch verschiedene von Adel, so
ihre Güter in Unterösterreich hatten, in den nächst gelegenen
ungarischen Städten ihre Wohnung aufgeschlagen und daselbst
des Gottesdienstes und Education ihrer Kinder fleissig abwarteten.
Allein wenn die jungen Leute nach Hause kommen
und sehen, dass ausser zwei oder drei Reichshofrathsstellen
sie aller Civilehrenämter schlechterdinges beraubet sind, werden
sie theils durch Ambition theils aus Noth dahin gebracht,
dass einer nach dem andern sich bequemt und dadurch suchet
denen von seinem Stande und Geschlecht an Dignitäten und
Mitteln gleich zu werden, welches auch hiernächst, wenn
Gott nicht eine schleunige Rettung schicket, um so viel öfter
zu befahren, als in ganz Ungarn weder Kirche noch Schule

mehr vorhanden und folglich die oben beschriebene Commodität, die Jugend erziehen und sich selbst aufhalten zu können, allerdings erloschen. Ob nun durch diese Proceduren das Instrumentum Pacis in genuino suo sensu observieret oder aber, menschlicherweise davon zu reden, jemand der unterösterreichischen Noblesse nach Verlauf der nächsten 50 Jahre von der evangelischen Religion mehr übrig sein werde, absonderlich da sie von ihrer Beständigkeit anders nichts denn Verachtung, Exclusion von allen Ehrenämtern (zumalen da der Kaiser aus seiner eigenen Capitulation gute Ursach oder zum wenigsten plausible Praetexte hat, seine Erbunterthanen von den zwei oder drei evangelischen Reichshofrathsstellen auszuschliessen) und endlich die äusserste Armuth und Verfolgung zu gewarten, dahingegen, die von der evangelischen Religion ab und zur papistischen treten, gewisse und ansehnliche Beförderung für allen andern empfangen, wie noch gegenwärtig an den Kammerpräsidenten Grafen von Sinzendorf, böhmischen Kanzler Grafen Nostiz, dem Landeshauptmann im Ländlein an der Enns, Grafen von Starhemberg, dem Feldmarschall Souches, dem Feldmarschall-Lieutenant und Gouverneur zu Comorn, Grafen Hofkirch, dem Generalkriegscommissario Grafen von Hohenfeld, dem Generalfeldzeugmeister Cupliers, dem Generalwachtmeister Dünewald und vielen andern mehr zu sehen, lasse Ew. Königl. Majestät dero hocherleuchteten Verstande nach selbst judiciren.

Wie es in Schlesien mit dem evangelischen Wesen gegenwärtig beschaffen, und was für ein betrübter Zustand je länger je mehr zu befürchten, nachdem (1) vermöge eines Ew. Königl. Majestät überschickten und vom Kaiserlichen Beichtvater Müller geschmiedeten Scripti der Herzog von Liegnitz und Brieg, als der reformirten Religion zugethan, von dem beneficio Instrumenti Pacis allerdings ausgeschlossen sein soll, (2) der Stadt Breslau allerhand Eingriffe mit Extendierung der alten Klöster in der Stadt und Erbauung neuer in den Vorstädten und Ertheilung ganz vortheilhaftiger Privilegien an die anwohnende Katholischen, um den Evangelischen die Nahrung abzustricken, gethan werden, (3) ausser denen im Inst. Pac. denominierten vier Fürstenthümern und der Stadt Breslau an keinem einzigen Ort, auch nicht einmal bei den drei neu erbauten Kirchen zu Schweinitz, Jauer und Grossglogau in ganz Schlesien eine Schule, die Jugend öffentlich zu informieren, anzurichten vergönnet ist, welches absonderlich bei den gemeinen und armen Leuten, so keine Mittel haben, ihre Kinder in die Fremde und von sich zu schicken, der Religion einen merklichen Schaden, ja endlich einen ganz tödlichen Stoss zubringet, (4) der Noblesse in Schlesien ebensowohl als in Oesterreich, aller väterlichen Disposition ungeachtet, sobald die Eltern das Haupt legen, die Kinder mit Gewalt weggenommen, papistischen Vormündern untergeben, in die Klöster und Jesuiten-Collegia gestecket und in selbiger Religion auferzogen werden, (5) man allgemach anfanget, denen Evangelischen auch bei denen Landesdeputationen keinen Platz mehr zu gönnen und endlich, wie sie bereits in die Regierung nicht mehr kommen können, also auch hiernächst dasjenige, was ihnen als Ständen gebühret, nicht mehr geniessen sollen, (6) die bishero unbekannte und zum wenigsten eher nicht als ao. 70 öffentlich fürgebrachte Distinction inter Ducatus mediate et immediate ad Cameram Regiam spectantes introducieret und also verschiedene Fürstenthümer von dem beneficio Inst. Pacis allerdings ausgeschlossen worden, (7) die Ew. Königl. Majestät und den evangelischen Ständen in jetzt berührtem Friedensschluss reservierte respective Interventio et Intercessio bloss für eine Bettelei und Briefetragen gehalten werden, weil ohne dass der Kaiser tanquam ex pacto obligieret sei, selbiges das geringste zu deferieren, (8) dass gleich pro specie rebellionis und zum wenigsten pro causa majoris oppressionis angenommen wird, wenn die in ihrer Gewissensfreiheit geplagten Unterthanen um Vorschrift*) und Intercession bei denen gebührend anhalten, welchen es per Inst. Pac. ausdrücklich reservieret worden, und dann (9) dass das ganze Land mit Missionariis angefüllt ist und es unmöglich anders sein kann, als dass täglich Ein und Ander von der evangelischen Religion abgezogen werde, absonderlich da diejenige, so etwan ein böses Stücklein begangen und von ihren Geistlichen oder evangelischen Magistrat mit gebührender Animadversion angesehen werden wollen, dadurch impunitatem delictorum, imo interdum etiam scelerum erlangen, was, sage ich, bei so gestalten Sachen für die Evangelischen daselbst zu hoffen, können Ew. Königl. Majestät dero erleuchtetem Verstande nach von selbsten am besten colligieren. Allezeit sind die armen Leute in so ferne desperat, dass wenn sie bei gegenwärtigen anscheinenden Revolutionen nicht eine nachdrückliche Hülfe überkommen, sie es allerdings verloren geben.

In Ungarn gehet es noch ärger her, ungeachtet primaria rebellionis Capita, als Zrinyi, Nadasty, Frangipani und Tattenbach**) (wie wohl nicht secundum leges Regni et privilegia Nobilium Hungariae) schon vorlängst ihre Strafe empfangen, der Kaiser auch vermöge seiner eigenen Schreiben nicht alle Ungarn, viel weniger aber die Evangelischen pro complicibus rebellionis gehalten. Au contraire es wurde anfangs Miene gemachet, auch öffentlich contestieret, die kaiserlichen Truppen in Oberungarn gingen bloss die treuen Stände gegen die rebellischen Proceres zu protegieren, auch die Berg- und andere Städte vermahnet, die Völker zu sol-

---
*) Vorschrift = schriftliche Fürsprache.
**) Die hier erwähnten Edelleute waren 1671 wegen einer Verschwörung und Verbindung mit den Türken hingerichtet worden. Vgl. Mailath öster. Gsch. IV. S. 58 ff.

chem Ende anzunehmen und ihnen in allen Vorschub zu
thun, mit angehängter Versicherung, dass was sie der Milice
darreichen würden, ihnen anderwärts wieder gut gemachet
werden sollte. Sobald sie aber in die Städte und Schlösser
gutwillig eingelassen worden und sich also des Landes Meister
gemachet, fing man an aus einem andern Ton zu singen, und
mussten hernach rebellisch heissen alle diejenigen, denen
etwas abgenommen werden konnte, absonderlich aber die
Evangelischen, bei welchen es Verbrechens genug war, dass
sie dem römischen Glauben nicht zugethan und dass sie sich
auf ihre Unschuld und Freiheit beriefeten, wenn man sie als
Meineidige und Ketzer tractieren wollte. Auf solche Weise
wurde fürerst die Noblesse unter das Joch gebracht, nachgehends aber es auf die Städte, so man mit starken Garnisonen gefesselt hatte, angeleget, als in welchen man be-
ginnete, die Magistrate zu verändern und die Geistlichen,
entweder darum, dass ihre Obrigkeit nicht sofort gethan, was
die Milice gegen die Reichsgesetze und Kaiserliche Parole
ihnen zugemuthet oder dass man einen fiscalischen Process,
in welchem sie nothwendig succumbieren mussten, wie aus
dem darbei gebrauchten modo leicht zu urtheilen, ihnen an
den Hals geworfen, ganz aus dem Lande oder zum wenigsten
von ihren Diensten zu schaffen, jedoch mit der Condition,
dass sie zuvor unterzeichnen sollten, in die Rebellion mit
trempieret und also die gebührende Strafe verdient zu haben,
die man ihnen gleichwohl aus angeborner kaiserlicher Clemenz
nachgegeben. Im Fall aber einer sich dessen geweigert, hat
man ihn in Eisen und Banden geschlagen und in den ungarischen Grenzfestungen noch ärger als Türken und servos
poenae tractieret, massen ihnen nicht einmal vergönnet wird,
dass sie von gutherzigen Leuten Almosen annehmen dürfen,
wobei zugleich dieses zu vermelden, dass die reformierten
Prediger insgemein sich viel standhaftiger erweisen, als die

von der augsburgischen Confession, massen jene lieber in die grausame Gefängniss gehen und ein mehr als heidnisches Tractament verlieb nehmen, als mit ihrer eigenen Unterschrift bekennen wollen der Rebellion und criminis majestatis schuldig zu sein, ehe sie derentwegen gebührend convincieret worden, welches gleichwohl viel der augsburgischen Confession gethan und darmit sich von dem barbarischen Carcere befreiet haben. Es ist aber dieser erbärmliche Zustand der protestantischen Kirchen in Ungarn um so viel heftiger zu beklagen, als es unerhörte Mühe gekostet, ehe man selbige etablieren und öffentliche Securität und Freiheit für sie zu Wege bringen können, massen aus der Hungarischen Historie bekannt, dass ao. 1552 und folgends in publicis comitiis ein Statutum gemachet und wiederholet worden, vermöge dessen man die Lutheraner zum Feuer condemnieret hat, und als diesem ungeachtet aldar auch verificieret worden, quod sanguis martyrum sit semen ecclesiae, kam es ao. 80 durch Heftigkeit der Clerisei dahin, dass alle protestantischen Lehrer auf einmal weg und das Exercitium religionis ganzer 26 Jahr gesperret sein musste, bis endlich ein Edelmann, Namens Bocskai*), einen Aufstand gemachet, sich vorerst an die Türken gehänget und nachgehends der Occasion, dass zwischen Kaiser Rudolpho dem II. und Erzherzog Matthias einiger Widerwille entstanden war, sich dergestalt zu bedienen gewusst, dass er ao. 1606 dem Kaiser den ungarischen Religionsfrieden, nämlich die also genannte Pacificationem

---

*) Stephan Bocskai, der Vertraute des Woywoden von Siebenbürgen, Siegmund Bathori trat 1604 gegen den Kaiser Rudolf auf, der seinen schwachen Herrn zur Abtretung seines Landes bewogen hatte, bemächtigte sich Siebenbürgens, regte dann die Türken und Ungarn gegen den Kaiser auf und erzwang 1606 in den Unterhandlungen mit dem vom Kaiser bevollmächtigten Erzherzog Matthias den Wiener Frieden. Vgl. Mailath öster. Gsch. II, 204 ff.

Viennensom, so zwei Jahr darauf bei einem allgemeinen Reichstag confirmieret und zum Gesetz worden, mit dem Schwert und Vergiessung vieles Bluts abgezwungen. Und obschon je zuweilen die Papistischen solchem Frieden zuwider die Protestantischen sehr gedrücket und ihnen verschiedene Kirchen abgenommen, so ist es doch durch die Verträge mit Bethlen Gabor und zur Zeit des deutschen Krieges, da der Kaiser ohnedem alle Hände voll zu thun hatte, wieder zurecht gebracht, absonderlich aber durch den Frieden zwischen dem Kaiser und Ragoczy ao. 47 auf einmal 90 den Protestanten abgenommene Kirchen restituieret worden, wodurch die Religion einen solchen Zuwachs bekommen, dass der gemeinen Opinion nach unter den Christen in Ungarn sich drei Fünftheil befinden, welche dem römischen Stuhl in Glaubenssachen nicht unterworfen.

Anstatt nun dass die von Ew. Königl. Majestät zu Erleichterung jetzt erzählter bedrängter Leute interponierte Intervention, die sowohl durch dero eigene Schreiben als durch mich mündlich und schriftlich mit allem Fleiss geschehen, einigen Nutzen schaffen und man daraus abnehmen sollen, was der Kaiser für eine Begierde habe Ew. Königl. Majestät rechtmässigen desideriis zu deferieren, so hat man die Missionarios aus Schlesien und absonderlich aus den beiden Fürstenthümern Troppau und Jägerndorf nicht abgeschaffet, noch die Sperrung der beneficiorum canonicorum aufgehoben, au contraire sie im allen immer härter tractieret und in specie gegen die noch übrigen Bürger der Stadt Leobschütz im Jägerndorfischen, für welche drei ganzer Jahr im Namen Ew. Königl. Majestät ohne Aufhören sollicitieret worden, dergestalt verfahren, dass anjetzo 409 Personen im exilio herumgehen und das Bettelbrod essen, auch endlich anhören müssen, dass ein Statutum gemachet und vom Kaiser confirmieret worden, kraft dessen hiernächst keiner des Bürgerrechts und der

Nahrung im Leobschütz fähig sein soll, wenn er nicht der papistischen Religion zugethan; und eben so ist es auch in der Stadt Teschen, die doch in einem unmittelbaren oder Cameralischen Fürstenthum gelegen, hergegangen, da man ein ao. 29 zur Zeit der grössesten Verfolgung von etlichen wenigen katholischen Bürgern gemachtes, aber per contrariam praxin von selbst wieder aufgehobenes und zum Ueberfluss per Inst. Pacis cassirtes dem Leobschützischen gleichmässiges Statutum wieder introducieret und in Kraft dessen die armen Leute entweder abwendig gemachet oder zur Emigration gezwungen, welches flebile beneficium noch darzu dergestalt umschränkt ist, dass man nebenst dem kürzestem termino auch die Häuser und Aecker der Emigranten ganz liederlich taxieret und den Katholischen um ein Hundsbrod, wie man zu sagen pfleget, zugeschlagen. Gleichwie aber hieraus sattsam abzunehmen, dass es zu gänzlicher Unterdrückung und Austilgung der sämmtlichen Evangelischen in Unterösterreich und Schlesien angesehen, also hat man mit Ungarn eben dergleichen Vorsatz, bin auch von vertrauter Hand berichtet worden, dass als ao. 70 die Rebellion daselbst decouvrieret worden, der Kaiser der Mutter Gottes ein Gelübde gethan, dass im Fall ihm Gott das Glück geben würde, selbige Empörung zu dämpfen und seine Autorität zu maintenieren, er solch Reich, wie es seinem Namen nach heisset, also auch in der That, apostolisch machen und alles, was dem römischen Stuhl keine Devotion erzeigete, daraus vertreiben wollte, welches aber ohne Aufrichtung eines absoluti dominatus und ohne vollkommliche Oppression der ganzen ungarischen Nation zu practicieren unmöglich. Darum hat alles, was auf Ew. Königl. Majestät allergnädigst. Befehl wegen der Pressburger, Oedenburger und Anderer, denen man Kirchen und Schulen weggenommen und die Geistlichkeit vertrieben, intercedieret, nichts verfangen, auch keinesweges attendieret werden mögen, ob ich schon mich dann und wann nicht undeutlich vernehmen lassen, dass wenn der Kaiser auf diese Weise procedieren würde, er auch bei einem zukünftigen Türkenkrieg wenig Hülfe von den Protestanten zu gewarten haben dürfte, sondern es ist der Eifer so gross, dass in der Reformation mit unerhörter Violenz verfahren und dergestalt geeilet wird, dass leichtlich daraus abzunehmen, man verhoffe damit klar und fertig zu sein, ehe das in der Christenheit anjetzo lichterloh brennende Kriegsfeuer gelöschet werde, damit alsdann alle gute officia der Protestanten zu spät kommen und es also zum vorigen Stand nimmermehr gelangen möge. Wie es denn dem Reformationswesen in Ungarn nicht zu geringem Vortheil und Beförderung gereichet, dass die meisten Protestantischen Fürsten und absonderlich Kur-Brandenburg, welches sich sonsten der Bedrängten mit vielfältigen Intercessionen fleissig annahm, anitzo gleichsam ohne einige Bedingung und Reservation in die österreichische Partei getreten und also keinen Muth mehr haben, sich in ein beim kaiserlichen Hof verhasstes Werk ferner zu interessieren und die Ausführung ihres gegenwärtigen Desseins dadurch difficil zu machen, zumalen da sie zugleich voraus sehen, dass weil sich ihrer ein gut Theil bei Ew. Königl. Majestät gleichsam stinkend gemachet, dero recommendationes und Fürbitten zu Wien nunmehro von kleinem Gewicht sein werden. Und solches verstehen auch die kaiserlichen Ministri dergestalt wohl, dass der Reichsvicekanzler mir einmal offenherzig heraussagete, dass der Kaiser auf alle der Evangelischen wegen einkommende Intercessionen nicht überall zu reflectieren habe, in Betrachtung dass, wenn diejenigen, so in favorem Evangelicorum arbeiteten, des Kaisers Freunde wären und in dessen Interesse stünden, sich dadurch nicht irren lassen würden, wenn man ihren petitis in diesem Stück schon nicht deferierte, wären sie aber dem Kaiser ohnedem zuwider, so würden sie sich auch dadurch nicht besänftigen lassen, sollte er gleich ihnen diesfalls zu Gefallen leben, vielmehr aber des Kaisers Schwachheit und Inconstance daraus colligieren. Zwar hätte man meinen sollen, es müsste der Kaiser auf die ottomanische Pforte reflectieren und um deswillen einen gelinden Weg gehen, damit die Ungarn nicht endlich aus Desperation sich an den Türken hängen und diesen redoutablen Feind wider ihn aufhetzen möchten, wie sich denn auch in der That gewiesen, dass die also genannten Rebellen in Oberungarn, das ist, diejenigen, so sich nicht um Religion und Freiheit auf einmal bringen lassen wollen, dann und wann, da sie in angustiis gewesen, bei den Türken Retraite und Zuflucht gefunden. Allein, wie ich für gewiss erfahren, apprehendieret man gegenwärtig keinen gefährlichen Türkenkrieg und zwar nicht nur darum, dass sie sich flattieren, so viel Künste zu wissen, dass der Krieg zwischen Polen und der Pforte noch so bald zu keinem Ende kommen werde, sondern fürnehmlich, weil sie den Grossvezir mit starken Pensionen angefesselt und dannenhero glauben, dass er selbige zu verlieren nicht leichtlich gegen den Kaiser zu einem Krieg resolvieren werde, massen es einem Türken, der von Natur geldgeizig, eine also grosse Tentation wäre, wenn er sich eines jährlichen Einkommens von 60000 Ducaten (denn so viel soll der kaiserliche Hof versprochen haben, so lange er Friede halten will) ohne äusserste Noth selbst berauben sollte, wobei wohl zu merken, dass eben damals, als der Fürst von Lobkowitz mir und andern fremden Ministris fürsagete, es müsste der Kaiser auf den Türken, als für den er nullo modo gesichert wäre, reflectieren und also in den holländischen Krieg sich nicht mischen, der Kaiser selbst hergegen und Herr Markgraf Hermann von Baden schnurstraks das Contrarium und dass er des Türken halben keine Noth, positive asse-

rieret, zu geschweigen, dass man zu Wien eines Theils für
besser hält kein Land, als worinnen Unkatholische praevalieren, zu haben, anders Theils den Schaden bei weitem nicht
so hoch aestimieret, wenn schon der Türke inzwischen etwas
weggeschnappet, als wenn Frankreich seine Flügel weiter
ausbreiten sollte, angemerket was der ganzen Christenheit
abginge und also auch endlich mit Hülfe derselben wieder
herbeigebracht werden müsste, dieses aber die particularen
Desseins des Hauses Oesterreich breche und es in die Impuissance setze, dass es nachgehends dem Türken nicht nachdrücklich genug widerstehen könnte.

Was endlich die oldenburgische Sache*) anbetrifft, so
ist sie zwar diejenige gewesen, welche zu recommendieren
ich an den kaiserlichen Hof abgefertiget worden. Nichtdestoweniger aber, weil eben damals in Wien angelanget, da Ihr
Durchl. von Holstein Gottorp terminum peremptorium trium
mensium zu Producierung dero Exceptionsschrift auf die Plönische Klage überkommen und ich wohl gesehen, dass, nachdemmalen man zu Gottorp selbst gar wenig Lust hatte, sich
in contumaciam condemnieren zu lassen, sondern in terminis
einkommen wollte, es zum wenigsten 15 oder 18 Monat anstehen müsste, ehe der Reichshofrath ad definitivam kommen
könnte, habe ich mich angestellet, ob wäre die Stiftung einer
näheren Correspondence zwischen Ew. Königl. Majestät und

---

*) König Friedrich III. von Dänemark hatte nach dem Aussterben
der oldenburgischen Grafen 1667 die Grafschaft Oldenburg und Delmenhorst testamentarischer Bestimmung gemäss und nach der vom Kaiser
erwirkten Verzichtleistung und Entschädigung des im Testament bezeichneten Miterben, des Herzogs von Holstein-Gottorp, in Besitz genommen. Dagegen klagte der sich für näher, als Gottorp, berechtigt
haltende Herzog von Holstein-Plön, gewann zwar den Process, aber
glich sich während desselben mit Dänemark aus, so dass dieses Oldenburg behielt. Während der Process noch schwebte, intercedierte Schweden für Gottorp gegen Plöns Ansprüche.

dem Kaiser primarius scopus meae commissionis, in Hoffnung dass, wenn dieses erhalten und zum wenigsten der Basserodische Tractat ratificieret worden, das Andere sich denn hiernächst auch geben und in Regard Ew. Königl. Majestät dem Herrn Herzog entweder mit Erkennung neuer Commission oder Liegenlassung des Processes bis auf andere Gelegenheit gratificieret werden sollte. Gleichwohl bin ich dabeneben unvergessen gewesen, dieses negotium und die Begierde, so Ihre Durchlaucht hätten, in der Güte aus dem Handel zu kommen, fleissig zu inculcieren, und derentwegen sowohl bei Ihr Kais. Majestät selbst in verschiedenen Audienzen als bei den Ministris hin und wieder starke und fleissige Instantien zu thun, damit man hierinnen zeigen möchte, wie angelegen man sich kaiserlicher Seiten sein liesse Ew. Königl. Majestät recommendationes in gute Obacht zu halten. Allein mit was Effect, hat der Ausgang und die ao. 73 in Julio abgegebene Sentenz ausgewiesen, in welcher noch das Beste zu sein scheinet, dass sie rechtschaffen schlimm ist, gestalten man dadurch desto mehr Fundament bekommen, die darwider competierende beneficia juris zu ergreifen und es endlich für die Stände bringen zu können, wenn man etwan selbige gänzlich abschlagen wollte. Denn obschon einmal das gesuchte beneficium revisionis nicht angenommen worden, so ist es doch nicht intuitu meritorum causae geschehen, sondern allein ob errorem in formalitatibus commissum, und weil dieser Fehler vom Procuratore, an dem sich Principalis in re tanti momenti nicht erholen kann, committieret worden, so kann ohne grosse Iniquität die zu leicht gebetene restitutio in integrum nicht wohl versaget werden, wie ich denn fast darfür halten sollte, dass eben das Zaudern und dass der Reichshofrath mit decreto bis hierzu nicht für den Tag gewollt, ein Zeichen sei, dass man voraussehe, wie endlich revisio actorum Ihr Durchl. mit Recht nicht abgestricket

werden könnte. Wiewohl auch dieses zu befahren, dass
der kaiserliche Hof erst auf bessere Gelegenheit warte, das
Urtheil exequieren zu lassen, welche Gefahr um so viel mehr
gegründet ist, als nicht anders zu muthmassen stehet, als
dass zwischen dem Kaiser und der Kron Dänemark in dem
letzteren foedere circa executionen latae sententiae gewisse
Mesures genommen worden. Zwar ich muss bekennen, dass
man zu Gottorp nicht alle die Praecautionen gebrauchet,
welche eine Sache von solcher Wichtigkeit erfordert, absonderlich darinnen, dass man sich den dänischen Ministris gar
zu viel vertrauet und sie zu Wien nach ihrem Gutdünken
schalten und walten lassen, die denn, anstatt dass sie den
Reichshofräthen mit reellen und handgreiflichen informatio-
nibus an Hand gehen sollen, die zu dem Ende überschickten
Gelder zu ihrem eigenen Nutzen angewendet und sich flat-
tieret haben, als sei ihre Eloquenz so gross, dass sie die
andern damit bezahlen und abspeisen könnten, zu geschweigen
dass die Gottorpischen Schriften sich meistens mit der Expectanz occupieren, und jura domus circa successionem in
comitatus quaestionis in selbige gründen, ohne die Unwahrheit
der narrativae in dem ersten Lehnbrief so deutlich, als es
gebühret, an den Tag zu legen, da doch bekannt, dass wenn
die Grafschaften ein altväterliches Mannlehen gewesen, denen-
jenigen, welchen ex pacto et providentia primi acquirentis
ein Recht angestammet ist, ohne dero Schuld und Verbrechen
weder durch Expectanz noch sonsten solches intervertieret
werden könne. Allein es würde obiger Fehler und der ver-
kehrte methodus den Hof nicht bewogen haben, mit Pronun-
cierung der Sentenz zu eilen, wenn er nicht ein sonderlich
Interesse gefunden, eben dazumal den König von Dänemark
zu obligieren, doch dergestalt dass sie noch allezeit zu Wien
in ihren Händen haben, entweder mit Gestattung der Revision
oder Erkennung neuer Commissionen oder mit Aufschub der

Sachen dem andern Theil zu Willen zu sein, wenn sie etwan ihr Conto darinnen antreffen, so dass fast nicht anders sagen kann, als dass der Ausschlag dieser Sache, welche sonsten nach den beschriebenen Gesetzen judicieret werden sollte, bloss von den Conjuncturen dependieret und dem Kaiser darzu dienen muss, dass er Einen damit en haleine hält, dem Andern aber zeiget, wie er ihn incommodieren könne, wenn er sich seiner Macht und Autorität gebrauchen wolle.

In den andern Sollicitationen und in specie wegen Pfalz-Neuburg und Hessen-Darmstadt bin ich nicht weniger unglücklich gewesen, massen keiner von beiden 'einen solchen Effect der von Ew. Königl. Majestät eingelegten Recommendation genossen, als die Billigkeit erfordert, gehabt, und zwar ob rationes mere politicas, damit man sich bei jenem allezeit einen Practext offen behalte, den Spaniern in den jülichschen Landen eine Ergötzung oder Rafraichissement zu Wege zu bringen, wenn sie in ihren nächstgelegenen Festungen Venlo und Ruremonde nichts mehr zu leben haben, bei diesem aber der Welt kein Exempel geben möge, dass der Kaiser nöthig habe, sich gereuen zu lassen, was er einmal einem deutschen Fürsten entweder selbst wehe gethan oder, dass es andere impune thun könnten, durch die Finger gesehen.

Die einzige Ladenburgische Sache*), so dem Kaiser in favorem Kur-Pfalz recommendieret worden, scheinet zwar

---

*) Das von Kurpfalz geübte sogenannte Wildfangsrecht hatte zu Beeinträchtigungen benachbarter Reichsstände und 1665 zu Thätlichkeiten geführt, indem kurmainzische und lothringische Truppen aus dem Kurmainz und Kurpfalz gemeinschaftlich gehörenden Ladenburg die pfälzische Garnison vertrieben hatten. Die vom Kaiser eingeleiteten Unterhandlungen hatten damals noch keine definitive Ausgleichung bewirkt, so dass sich Frankreich und Schweden vor dem Bruch Ludwigs mit Kurpfalz des Kurfürsten annehmen konnten, der ihre Intervention beansprucht hatte.

Ew. Königl. Majestät Vorschrift genossen zu haben, weil man selbige sofort liegen lassen, allein wenn ich hergegen bedenke, dass Kur-Pfalz darzumal in Tractaten stand, mit dem Hause Oesterreich Partei zu nehmen, Kur-Mainz hingegen den Fuchs nicht beissen sondern mit Frankreich noch immer Mesures behalten wollte, thue ich meines Bedünkens Niemand Unrecht, wenn ich sage, dass auch in diesem Stück bloss auf die Conjuncturen, nicht aber auf Ew. Königl. Majestät reflectieret worden.

Bei allen diesen dem Hof unangenehmen Commissionen und durch die Alliance zwischen Ew. Königl. Majestät und der Kron Frankreich gegebenen Contretemps habe ich mich gleichwohl insoweit durchgebracht, dass man mich in den Recreditiven mit unverdienten elogiis versehen, und Ihr Kais. Majestät selbst bei der Abschiedsaudienz temoignieret haben, dass Ihr sonder lieb gewesen wäre, wenn Ew. Königl. Majestät mich länger daselbst lassen wollen, dergleichen Complimente ich auch bei den kaiserlichen Ministris durch und durch empfangen, ungeachtet es mir an Obtrectatoribus nicht gefehlet und ich absonderlich den Verleumdungen derjenigen unterworfen sein müssen, welche ebenmächtig Ew. Königl. Majestät Diener sein wollen, deren guten officiis es denn ohne Zweifel zuzuschreiben, dass ich dem Gebrauch nach nicht regalieret*) worden, da doch der geheime Secretarius Abele mir bei Einreichung der Recreditiven und sonsten verschiedentlich gesaget, dass Ihre Kais. Majestät sich dessen erinnert hätten und der Hofkanzler Hocher ohne Zweifel mit mir derentwegen sprechen würde. Allein weil dieser beim Abschied nichts davon gemeldet, ich auch seither dem nichts gehöret, muss es durch gute recommenda-

---

*) Pufendorf hatte bei der Abreise von Wien nicht das sonst übliche Geschenk bekommen. Die Recreditive des Kaisers sind 26. Nov. 1674 datirt.

tiones erstlich in Stecken gerathen, nachgehends aber ganz verschwunden sein, als sie durch ihre Confidenten aus Dresden erfahren, dass bei Kur-Sachsen ich zum Faveur der gegenwärtigen österreichischen Consilien wenig oder nichts gesprochen. Damit aber Ew. Königl. Majestät auch eine kurze Beschreibung des kaiserlichen Hofes haben mögen, so kann ich summariter dieses melden, dass Ihr Kais. Majestät ein von Gott mit guten gesunden Verstandes- und Gemüthsgaben gezierter Herr, von Natur sanftmüthig und zu keinen Weitläufigkeiten geneigt sind, haben dabenebenst ihre natürliche dotes mit Erlernung allerhand Wissenschaften und Sprachen cultiviret, wie sie denn beneben den mathematischen Künsten Latein, Italienisch und Spanisch perfect reden und schreiben, auch die alten und neuen Historien ziemlich durchgelaufen und sich derselben bei Gelegenheit zu bedienen wissen. In Resolutionen von einer Wichtigkeit sind sie etwas langsam und circumspect, sowohl von Natur als dass der österreichische Hofstilus es von langer Hand also mitbringet, und so je zuweilen ein consilium ex subito*) zu nehmen ist, kostet es den Ministris nicht geringe Mühe, ehe sie ihn zu einem Schluss bringen. Aber hergegen stehet er gar fest bei demjenigen, was er einmal recht gefasset, und lasset sich nicht leichtlich ebranlieren, sonderlich wann es Sachen, die ihm auf die Conscienz gebunden worden, in welchem Stück er gar delicat und keinen Scherz verstehet: wäre auch zu wünschen, dass diejenigen, so selbiges formieret, ihm nicht neben anderen erroribus folgende Opinion eingebildet, dass er nämlich in seinem Gewissen obligieret sei, seine vermeintlich verirreten Unterthanen quocunque modo wieder in den Schoss der römischen Kirchen

---

*) In der Handschrift steht: Consilium ex stupide?

zu bringen. Iu äusserlicher Devotion und genauer Observanz der Kirchengebräuche wird er wenig Potentaten finden, die ihm gleichen, will nicht sagen übertreffen, und weil er selbst bis in sein 14tes Jahr und auf das Absterben seines Herren Bruders, des römischen Königs Ferdinandi IV, zum geistlichen Leben destiniret und erzogen worden, ist er gegen die Geistlichkeit sehr mild, und gutherzig, so dass er nicht leichtlich etwas versaget, was zu Aufnehmen derselben und in specie des Jesuitischen Ordens, als woraus er von Jugend auf seine Praeceptores und Beichtväter gehabt, von ihm begehret wird. Im Consilio ist er gar assidue und versäumet nicht leichtlich selbiger convocieren zu lassen, so oft nur die Ministri meinen, dass es die Nothwendigkeit erfordert, lässt sich auch nicht verdriessen, fast jedermann, der ihn darum ansuchet, ohne Unterschied Audienz zu erstatten, wie wohl er selten anders als in terminis generalissimis antwortet, und die ihm eingereichten Memoralia, nachdem er sie vorerst durchgelesen, in die Kanzleien und Expeditionen, wo sie hingehören, selbst distribuieret und je zuweilen seine Meinung mit ein paar Worten darauf schreibet. Doch kömmt all dieser Fleiss mehr aus Gewohnheit her, und dass er persuadieret ist, es müsste also sein, als dass er so sonderliche Lust zu den Affairen haben sollte, denn von Natur liebet er die Ruhe und Divertissements, als da sind fürnehmlich die Jagd und Musik, an welcher letzteren er sich dermassen ergötzet, dass er auch selbsten componieret. Von Complexion ist er zwar nicht ungesund, aber auch nicht robuste, so dass man insgemein nicht dafür hält, dass er zu einem hohen Alter kommen werde. Er hat auch schon zu verschiedenen Malen harte Anstösse gehabt, dass man schier an seinem Leben verzweifelt. Absonderlich ist er sehr schwach auf den Schenkeln und zeiget solches gnugsam durch seinen vacillierenden Gang; jedoch thut er die Exercitien zu Pferde mit noch ziemlicher Vigueur und Adresse, liebet auch diejenigen unter seiner Noblesse, welche sich für andern darauf befleissigen. Er gehet nun in das fünf und dreissigste Jahr und hat bis dato nur eine Prinzessin im Leben mit der ersten Gemahlin*), die aber durch Verwahrlosung der Ammen und Wärterin, wie man nicht anders muthmassen kann, in den Unglück gerathen, dass sie ganz lendenlahm ist und wenig Hoffnung vorhanden, dass sie vollenkommlich wieder zurechte kommen werde; die Gestalt ist anders noch ziemlich und wird sie die reichste Dame in Europa sein, wenn entweder der Kaiser oder der König von Spanien ohne männliche Erben abgehen sollten. Ihre Frau Mutter war gar ein schwaches und zartes Frauenbild, mehr auferzogen eine Religieuse als eine Prinzessin zu agieren, massen sie ihre Zeit meistentheils mit Beten und Brodieren oder Nähen zubracht; habe auch verschiedentlich selbst gesehen, dass wenn man ein Scheibenschiessen gehalten und sie mit ihrem Herrn zusehen gekommen, sie inzwischen sich gesetzet und gewirket, damit sie immer einige ornamenta haben möchte in die Kirche und auf die Altäre zu verehren. Ich erinnere mich, dass bei den Exequien einer von den Predigern auf der Kanzel soutenieren wollte, dass sie niemals eine Todsünde begangen hätte. Der Kaiser liebete sie herzlich, sowohl dass sie seine Gemahlin war als wegen der nahen Anverwandtniss, massen sie seiner leiblichen Schwester Tochter: hiess ihn auch niemals anders als ihren Vetter. Sie wurde gleichwohl insgemein nicht viel bedauret, und zwar nicht nur darum dass man wegen ihrer Zartheit keinen lebhaften Prinzen von ihr vermuthete, sondern auch weil das spanische Frauenzimmer sie dergestalt

---

*) Marie Antonia geb. 1669, Tochter der ersten Frau Leopolds, der spanischen Margarete Theresia, die 1673 starb. Maria Antonia wurde 1685 mit dem Kurf. Max Emanuel von Bayern vermählt und starb 1692

environnieret hatte, dass die Deutschen wenig oder keinen
Access bei ihr haben konnten, wie sie denn nicht ein Wort
Deutsch reden durfte, wann die spanische Oberhofmeisterin
bei ihr war, gegen welche der Hass des Volkes um so viel
grösser, als man glaubte, sie hätte den ersten Prinzen sowohl als die andere Prinzessin muthwillig ums Leben bringen
lassen, damit die älteste allein bleiben und der König von
Spanien eine so viel reichere Braut haben sollte. Dannenhero hielt man es communiter für ein Glück für die deutsche
österreichische Linie, dass Gott diese Dame im 21. Jahre
ihres Alters weggenommen. Die jetzige Kaiserin*), eine
Prinzessin von Inspruck, ist eine wohlgewachsene Person
von hurtigem und lebhaftem Geist, so dass sie ihren Herrn
aus seinem serieusen in guten Humeur setzen kann, wird
auch von ihm gar werth gehalten, absonderlich da sie gleiche
Inclination zur Jagd und Musik hat, auch selbst auf Instru-
menten wohl spielet und singet. Je grösser die Hoffnung
war, dass sie das erste Mal einen Prinzen zur Welt bringen
sollte, je mehr traurete man darüber, dass es gefehlet und
darzu das Kind an der Epilepsie gestorben, welche Krank-
heit zu evitieren die Medici alle nur erdenkliche Praecautionen gebraucht hatten. Doch weil sie zum andern Mal
schwanger ist, lebet man der Zuversicht, es werde Gott
endlich die Pietät des Kaisers und so vieler Tausend, absonderlich aber der Geistlichen Gebet mit einem gesunden
Prinzen krönen und die Succession am Kaiserthum in dem
Hause Oesterreich auch in dem dritten seculo confirmieren
und befestigen. Die verwittibte Kaiserin Maria Eleonora,

---

*) Claudia von Tirol, die zweite Frau des Kaisers 1673—1676. Sie
hatte drei Töchter geboren, die bald starben. Die dritte Frau des
Kaisers, noch 1676 mit ihm vermählt, gebar ihm zehn Kinder, darunter
die späteren Kaiser Joseph I. und Karl VI. Sie hiess Eleonore Magda-
lene, Prinz. von Pfalz-Neuburg.

eine geborne Herzogin von Mantua, wird insgemein für eine Dame von grossem Witz und Scharfsinnigkeit gehalten, hat auch durch selbige und daraus fliessende Conduite ihr nicht nur die Affection und Liberalität Kaiser Ferdinandi III, ihres Gemahls, als der sie sowohl bei seinem Leben gar oft ansehnlich regaliret als durch sein Testament in guten Zustand gesetzt, sondern auch die Estime des jetzigen Kaisers, ihres Stiefsohnes, erworben, und dannenher, ehe er noch verheirathet worden, wie nicht weniger bei Lebzeiten der spanischen Gemahlin in grossem Ansehen und Pouvoir bei Hof gestanden, also dass durch ihre Assistenz und Adresse Sachen von Importanz durchgetrieben werden konnten, aller massen Herr Gremonville sich anfangs ihrer Autorität meisterlich zu bedienen gewust. Allein nachdem die jetzige Kaiserin an den Hof gekommen, und ihre Frau Mutter, eine Prinzessin vom Hause Medicis, des jetzigen Grossherzogs zu Florenz Vaterschwester, zwischen welcher und der verwittibten Kaiserin allezeit kleine Jalousien und aemulationes*) gewesen, indem unter andern diese jener in den Correspondenzbriefen und dero Aufschrift keine andere Qualität als Archiduchessa d' Inspruc und nicht d' Austria geben wollen, darzu kommen, hat ihre vorige Autorität sich nicht wenig verloren, wie mann denn insgemein die aufsteigende Sonne mehr als die niedergehende anbetet; dürfte auch je länger je mehr ins Abnehmen gerathen, absonderlich wenn die regierende Kaiserin einen Prinzen zur Welt bringen und also ihren Process, wie man zu sagen pfleget, gewinnen sollte. Sie hat noch ihre jüngste Tochter bei sich**), eine Prinzessin von feiner Gestalt und gar gutem Humeur, die sie auch wohl und tugendhaft erziehen lässt, und ist anjetzo

---

*) In der Handschrift steht: Comulationes.
**) Maria Anna Josephe geb. 1654, vermählt 1678 mit dem Kurfürsten von der Pfalz Johann Wilhelm.

ihre einzige Sorge, wie sie ihrer Condition nach wohl vermählet werden möge; ist ihr auch von dem spanischen Ambassadeur Hoffnung gegeben, dass weil es seinem Könige zu lange fallen dürfte, auf die kleine Erzherzogin zu warten, man auf die Prinzessin Marie Anne die meiste Reflexion haben würde. Ob es aber Ernst oder ob der Ambassadeur sich dieser Finesse gebrauchet, die Kaiserin in seines Herren Interesse und seine eigenen Intriguen bei Hofe mit zu ziehen, lasse ich an seinen Ort gestellet sein. Allezeit hat er dadurch zu Wege gebracht, dass sie dem Commandeur Gremonville, weiss nicht aus was für Praetext einer Plauderei, ihren Hof verboten und dass man sich den französischen Desseins mit Gewalt widersetzen sollte, fleissig gerathen.

Die fürnehmsten Ministri, welcher Ihre Kaiserl. Majestät sowohl bei dero Person und Hofstaat als in den Affaires und Regierungen ihrer Königreiche und Länder sich zu gebrauchen pflegen, finden sich beisammen in dem also genannten geheimen Rath oder Consilio status, als welcher sowohl aus den Principal-Hofoffizieren, nämlich den Obristen Hofmeistern des Kaisers und der Kaiserin, dem Oberstkämmerer, Oberhofmarschall und Oberstallmeister als aus andern hohen Etats-Bedienten, zum Exempel dem böhmischen Burggrafen, böhmischen Kanzlern, Reichsvicekanzler, unterösterreichischen Oberstatthalter, Kammerpräsidenten, Reichshofraths-Präsidenten, Hofkanzler, Kriegespräsidenten und einigen Feldmarschällen componieret ist, und bei welchen sonsten alle secreta status mit Fremden und Einheimischen und in summa alle wichtige negotia in Beisein des Kaisers tractieret werden. Allein weil sich nachgehends befunden, dass unter so vielen Leuten, (massen dieses Collegium insgemein von etlichen 20 Personen bestehet) das secretum, welches doch gleichsam die Seele der Consilien ist, nicht wohl observieret, sondern viel Dinge für der Zeit gemein und dadurch entweder zu exequieren ganz unmöglich oder doch zum wenigsten sehr schwer gemachet worden, hat kurz für Delogierung des Fürsten von Auersperg*) der Kaiser etliche wenig Personen unter dem Namen der Conferenzräthe ausgelesen, mit welchen die geheimsten Sachen überleget und geschlossen werden, die bei meiner Ankunft folgende vier Herren gewesen, als der kaiserliche Obrister Hofmeister Fürst von Lobkowitz, der Reichshofrathspräsident Fürst von Schwarzenberg, der Obrist Kämmerer Graf von Lamberg und der österreichische Hofkanzler Baron Hocher. Anjetzo aber ist an Lobkowitz Stelle Graf Montecuculi kommen und pfleget nunmehr auch der Reichsvicekanzler Graf von Königseck gar oft darzu gezogen zu werden, benebenst dem geheimen Secretario Abele, welcher ordinaire Bediente diesen deliberationibus allein beiwohnet, woraus abzunehmen, wie schwer es sei, hinter die arcana zu kommen und wie viel Umschweife man gebrauchen müsse, ehe man eigentlich erfahren könne, was bei ihnen passieret. Wie nun die fremden Ministri in negotiis status sich an jetzt gedachte Conferenzräthe allein adressieren, bei ihnen ihre propositiones thun, und in Conferenz darüber treten, also gebrauchen sie sich dieser Methode, dass sie von allen, was bei ihnen fürgegangen, dem Kaiser eine schriftliche Relation aufsetzen, und zugleich dero Sentiments und Gutbefinden beifügen, welche Schrift durch den Hofkanzler oder geheimen Secretarium dem Kaiser eingereichet und darbenebenst die Zeit abgewartet wird, wenn über solche Sachen in Gegenwart Ihrer Majestät zu handeln. Alsdann kommt sie noch einmal in Discussion und gedeihet endlich zu demjenigen Schluss, den der Kaiser sich gefallen lässet. Anfangs ist ohne Vorwissen dieses Conferenzraths

---

*) Der Fürst Joh. Weikard von Auersperg, geb. 1615, Staatsminister Leopolds 1661 bis 1669, wo er, der verrätherischen Verbindung mit Frankreich verdächtig, in Ungnade fiel und seine Aemter verlor.

keine Resolution von Importanz genommen worden. Allein weil der jetzige spanische Ambassadeur gleich im Beginn seines Ministerii gesehen, dass der Fürst von Lobkowitz sich nicht, wie Portia*), zu Wasser reiten lassen und alles gut heissen wollte, was er etwan begehren möchte, (wie denn dieser den Ambassadeur, als der zuerst der fremden Affairen und Interessen allerdings unkundig war, bisweilen de haut en bas tracticret, mir auch einmal selbst gesaget, dass er ihn als einen Buben leiten müsste, dass er nicht stolperte), hat er den Schlüssel gefunden durch den Credit, welchen Herr Hocher und Abele bei dem Kaiser haben, es dahin zu bringen, dass Ihre Majestät verschiedene wichtige Dinge resolvieret, davon die von der Conferenz collegialiter nichts gewusst. Wie ich denn aus des Ambassadeurs eigenem Munde habe, dass er ohne des Fürsten von Lobkowitz, Schwarzenbergs und Lambergs Wissen erst eine mündliche Resolution erhalten, welche nachgehends durch ein eigenhändiges Schreiben an die Königin von Spanien confirmiret worden, worin der Kaiser schon ao. 71, ehe es zur Raptur zwischen Frankreich und Holland gekommen, versprochen, dass er bei dem damals aufsteigenden Kriege sich mit dem spanischen Consilio und dessen Conduite allerdings conformieren wolle. Darum mir der Fürst auch nachgehends geklaget, dass etliche wären, die den Kaiser als eine innocente victimam zu sacrificieren gedächten. Gleichwie es aber dem Fürsten von Auersperg den Fall verursachet, dass er jezuweilen den Spaniern conträr gewesen und absonderlich ao. 67 und 68 dem Kaiser gerathen, sich in den damaligen niederländischen Krieg nicht zu mengen, auch ihm nicht helfen mögen, dass solch sein consilium, so er schriftlich von sich gegeben, von dem Kaiser

---

*) Der Fürst Joh. Ferd. von Portia bis zu seinem Tode 1665 Leopolds erster Minister und Oberster Hofmeister, dessen Nachfolger als Minister zunächst Auersperg, als Ob. Hofmeister Lobkowitz wurden.

und gesammten geheimen Räthen sine omni contradictione, ja auch zu Madrid selbst approbieret worden, wie er sich denn vantieret, dass eben dadurch das triplex foedus pro conservatione Belgii Hispanici für den Tag kommen, anders würde man den Kaiser allein haben baden lassen, wenn er sich des Werks sogleich angenommen und mit Frankreich gebrochen hätte, sondern er hat mit Gewalt eloignieret und seiner Chargen beraubet werden müssen, sobald sie nur Prise über ihn bekommen können, die sie auch darinnen gefunden, indem er sich nach Absterben seiner Gemahlin durch den König von Frankreich sowohl bei dem Kaiser als päpstlichen Hofe zum Cardinalat mit vielfältigen Instantien etwas mal à propos recommendieren lassen und dadurch die Suspicion wieder sich erwecket, als hätte er sich um Frankreich sonders meritieret gemachet, also kömmt die Disgrace des Fürsten von Lobkowitz*) aus gleichem Brunnquell her, und muss er darum im 65 Jahr seines Alters sich aller seiner Ehrenämter privieret, vom Hofe abgeschaffet und auf eines seiner Güter in Böhmen, Namens Raudnitz, an der Elbe confinieret sehen, dass er mit Händen und Füssen darnach gestrebet, dass der Kaiser sich nicht in den gegenwärtigen Krieg verwickeln noch ohne Noth mit Spanien, welches gegenwärtig weder consilia noch Geld noch Volk hätte, embarquieren sollte. Es justificieren aber die Spanier ihre Action darmit, dass der Fürst sich nicht daran vergnügen lassen, dass er dem Kaiser seine Meinung offenherzig gesaget und mit rationibus bekräftiget, massen er hiedurch mit Recht keine

---

*) Wenzel Eusebius Fürst von Lobkowitz, nach Portias Tode Oberst-hofmeister, nach Auerspergs Sturz 1669—1674 erster Minister des Kaisers Leopold, ein sehr geistreicher und geschäftsgewandter, aber frivoler und übermüthiger Diplomat. Lässt sichs auch nicht beweisen, dass er von Ludwig bestochen war, so ist doch Pufendorfs Rechtfertigung verdächtig. Zur Ergänzung vgl. Mailath öster Gsch. IV, 43 ff.

Disgrace verdienet, sondern weil er, nachdem einmal die Resolution gegen seinen Rath gefasset worden, dessen Execution möglichstermassen schwer zu machen und zu verhindern getrachtet. Wie denn nicht ohne, dass er etlichen zu Wien sich befindenden Ministris der deutschen Stände unter der Hand treulich widerrathen, sich in gegenwärtigen Handel mit dem Kaiser nicht zu vertiefen. Ich weiss auch gewiss, dass er absonderlich Kur-Brandenburg von seinem andern und neuen Engagement zu divertieren gearbeitet. Und eben selbige Ministri haben ihm keine Farbe gehalten, sondern es seinen Feinden revelieret und ihnen das Messer in die Hand gereichet, den Fürsten zu beschädigen, worzu die Vehemenz des Baron de l'Isola kommen, als der durch seinen Rath, dass man nämlich ihn zum Sündenbock machen und die Schuld alles bis anhero empfundenen Unglücks auf seinen Rücken legen müsste, um die Freunde dadurch zu rassurieren und denen, so die wahre Beschaffenheit nicht wissen, einen Muth zu machen, dass sie von dem folgenden Success der österreichischen Waffen bessere Hoffnung schöpfen sollen, die Ruine vollends befördert. Es ist anders der Fürst von Lobkowitz vir magni et acutissimi ingenii, aber wenn ich es ohne Scheu sagen soll, non sine mixtura dementiae*), hat auch durch seine wunderliche Conversation und ungewöhnlichen modum agendi bei denen, so ihn nicht recht kenneten, sich den Namen eines Phantasten zu Wege gebracht. Er trauet sich darbenebenst allzuviel zu, und indem er auf seine Experienz pochet, verachtet er Andere neben sich und machet keine grosse Difficultät, Jemand ohne Noth zu offen-

---

*) Seine wunderlichen und rücksichtslosen Aeusserungen liessen ihn oft so seltsam erscheinen, als ob er nicht bei Sinnen wäre. Darauf deutet auch der Ausdruck: Phantast, d. i. im Sprachgebrauche des 16. u. 17. Jahrh. und noch jetzt im süddeutschen Volksmunde ein Narr. Vgl. Pufendorf r. g. Fried. Wilh XII, 51.

dieren, drum er auch nachgehends nicht viel Freunde gefunden und wenig beklaget worden. Dass ihm die Spanier nachgestellet, hat er lange vorausgesehen und durch die Burla*), so er ao. 71 mit Mons.ʳ de Gremonville bei der Comoedie in Gegenwart des Kaisers und des ganzen Hofes gehabt, sie zu appaisieren gesuchet. Allein weil er mit ihm wieder ausgesöhnet, auch noch selbiges Jahr den Tractat mit Frankreich, ohne dem spanischen Ambassadeur etwas davon zu communicieren, befördert und nachgehends die Abschickung der Truppen ins Reich und das Engagement mit Holland äusserst widerrathen und, wie sie ihm nachreden, ein Zeit lang verhindert, ist der Hass gegen ihn verdoppelt und zu seinem Ruin durch Verhaftung seines italienischen Secretarii der Anfang gemachet worden, dadurch man gemeint ihn zu obligieren, dass er selbst abdanken, den Hof quittieren und also den Extremitäten fürkommen sollte. Aber er ist darzu nicht zu überreden gewesen, sondern entschloss sich den Ausgang abzuwarten, sich ohne Zweifel einbildend, dass er dem Kaiser, welcher seiner Treue in vielen wichtigen Affairen und absonderlich bei der Wahl zu Frankfurt genugsam probieret hatte, an Fermeté nicht fehlen würde, ihn gegen seine delatores zu maintenieren und zum wenigsten zur Verantwortung kommen zu lassen. Allein wie weit er in dieser Opinion gefehlet, hat er selbst erfahren.

Der Fürst von Schwarzenberg hat ein stattlich Exterieur und gute Beredsamkeit, soll ihm auch an Promptitude nicht mangeln, alle bei einem negotio sich ereignende difficultates für den Tag zu bringen und auszugrübeln. Allein man saget insgemein, dass er den Schlüssel und die Expedientien nicht finden könnte, und pflegen ihn dahero Einige Doctorem per-

---

*) Burla, italien. Scherz, Hohn, Verspottung. Lobkowitz hatte sich über Gremonville in seiner Weise lustig gemacht und ihn dadurch verletzt.

plexitatum et dubitatorem perpetuum zu nennen. Er ist sonsten einer der reichsten Herren, die der Kaiser in seinen Diensten hat, worzu die Liberalität des Erzherzogs Leopold Wilhelm, dessen Obrist Hofmeister er gewesen, viel contribuieret. Er ist weder von dem Kaiser noch Spanien geliebet, weil er zu Frankfurt seinen Herren *) animieret nach der kaiserlichen Kron zu streben und gerathen, dass er das Gouvernement in Niederland verlassen und davon gehen müsse, wird nichts desto weniger in seinem Posten nicht nur tolerieret, sondern hat auch durch seine grossen Mittel zu Wege gebracht, dass der Kaiser ihn in den Fürstenstand erhoben. Graf Lambergen recommendieren seine langwierigen Dienste am meisten, und dass er des Kaisers Obrister Hofmeister gewesen, da er noch Erzherzog war. Er ist zwar ein Mann von Studien, thut aber bei den Affaires d'Etat wenig anders, als dass er Andere darüber raisonnieren höret und das Jawort darzu giebet, sondern befleissiget sich seine Oberkämmererstelle fleissig zu verwalten und dem Kaiser stetig aufzuwarten. Graf Montecuculi wird bei Hofe für denjenigen gehalten, welchem man directionem consiliorum am besten anvertrauen konnte, wie er denn ein Mann, der ziemlich Phlegma hat und lange im geheimen Rath gesessen, consequenter gute Experienz erworben, auch das Glück gehabt, dass er die Bataille bei St. Gotthard gewonnen, auch ao. 73 die französische Macht, wie sie zu Wien glauben, repoussieret, wiewohl Mr. de Souches**) mir von ihm sagete, dass er mehr für einen Staatsmann als Capitaine zu aestimieren und der seinen Krieg mehr aus Büchern als im Felde gelernet. Worum er im abgewichenen Jahr die Armee nicht

---

*) Nämlich den Erzherzog Leopold Wilhelm, Bruder Ferdinands III.
**) Souches, kaiserlicher Befehlshaber unter dem Prinzen von Oranien 1674. Nach den Gefechten von Senef trennte er sich mit seinen Truppen eigenmächtig vom Prinzen und verlor deshalb das Commando.

commandieret, soll die Ursache gewesen sein, dass er sich gefürchtet, es möchte der Fürst von Lobkowitz, der damals noch im Consilio sass, ihm ein und ander Stückle spielen und solche Ordres procurieren, die zu exequieren unmöglich, hergegen aber capable wären, seiner Reputation einen Flecken anzuhenken. Andere aber meinen, dass er vorausgesehen, es werde durch die damals fürhabende und durch Monsr. de Souches zu Werk gerichtete Conjunction mit den Spaniern und Holländern, deren Conduite er das Jahr zuvor bei Bonn nicht approbieret hätte, wenig oder nichts auszurichten sein, und es hätte der spanische Ambassadeur darin consentieret, um Jemand zu haben, den er dem Fürsten von Lobkowitz opponieren und wodurch er dessen Menées inutil machen könnte, wie er denn nach seiner Wiederkunft aus dem Reich mit Hr. Hocher allen secreten Affairen beigewohnet und sie ganz an der Spanier Interesse attachieret, die ihm hergegen den Fürstenstand beim Kaiser und considerabele feuda in Italien versprochen. Als ich bei ihm Abschied nahm, stellete er sich gar wohlgemuth an und meinete, es könnten Ew. Königl. Majestät Ihrer Sicherheit bei gegenwärtigen Conjuncturen nicht besser wahrnehmen, als wenn Sie es mit dem Kaiser hielten, in Betrachtung, dass die Franzosen allzuhohe und für ganz Europa schädliche conceptus, ja Henrici IV. in des Duc de Sully Memoires sich befindliche Desseins im Kopfe hätten und selbige zu exequieren gedächten, hergegen des Kaisers Werk auf mehr Solidität beruhete; sei auch kein Zweifel, es würde robur et firmitas corporum Germanicorum den französischen impetum, welcher schon zu laborieren anfinge, retundieren und endlich die Oberhand behalten. Baron Hocher ist ein grundgelehrter und sehr eloquenter Mann, ein Juris Consultus ex professo, wie er denn in Botzen einen Advocaten anfangs agieret, nachgehends aber bei dem Regensburgischen Convent publicum Imperii statum und die ihm anklebende Schwachheit wohl erlernet. Von fremder Potentaten Interesse und Force hat er bei Antretung seiner Charge wenig gewust, habe auch bei meiner Anwesenheit am Hofe deutlich merken können, dass er sich nach und nach absonderlich durch die Conversation mit so vielerhand fremden Ministris informieret und sehr gebessert. Er ist zugleich vir laboriosissimus, und von dem man mit Wahrheit sagen kann, dass ungeachtet seiner öfteren Incommodität von der Gicht er kein ander Divertissement als in der Arbeit und in den Affairen suche, hat dabenebenst eine unerhörte Patienz und weiss alle seine Worte auf die Goldwage zu legen, auch die responsa dergestalt einzurichten, dass er niemals ohne Schlupfwinkel sein wird. Er hat das Glück, dass man ihn allerdings desinteressieret hält, und habe ich auch nicht anders finden können, als dass er den Kaiser in Autorität und Grandeur zu setzen trachtet, ohne auf die Freiheit der deutschen Stände viel zu reflectieren, als deren Faiblesse ihm mehr als zu wohl bekannt; ist überdiess purus putus Jesuita und nebenst dem geheimen Secretario Abele selbigem Orden und consequenter Hispanis allerdings addict und dannenhero ist er ein grosser Verfolger der Protestanten, wird auch allezeit consilia ad absolutam Monarchiam spirantia seinem Herrn suppeditieren. Der Graf von Königseck, ein sehr freundlicher Herr und von gar guter Conversation, gehet ziemlich offenherzig heraus und ist nicht schwer zu erforschen, was er im Schilde führet, absonderlich wenn man im Raisonnieren ihm das Obstat hält und zu einigem Emportement Anleitung giebet. Er war anfangs in Verdacht, dass ers mit den Hrn. Fürstenbergern hielte, wie er denn mit ihnen gar nahe verwandt ist, und daher kam es auch, dass in der Controversie zwischen Kur-Cöln und der Stadt viel expeditiones in der österreichischen Kanzlei geschmiedet wurden, die doch eigentlich für ihn als Reichsvicekanzler gehöreten; hat mir auch verschiedentlich geklaget, dass Herr Hocher ihm in sein Amt griffe und von keinem Dinge Communication ertheilete. Die von ihm geschöpfte Opinion, als wenn er nicht Fermeté genug hätte, der Versuchung von Geldgeschenken zu widerstehn, darvon er bei seiner Vicepräsidentschaft im Reichshofrath einige Proben gegeben haben mag, hat ihm nicht wenig geschadet, und daher sollte ich fast dafür halten, dass man ihn bei den Tractaten entweder gar nicht gebrauchen oder ihm einen andern an die Seite setzen werde, dem man das secretum anvertrauet, wie Baron de l'Isola zu Cöln sein sollen. Obstehende Ministri insgesammt, ausser welchen bei den fremden Affairen am kaiserlichen Hof Niemand in sonderliche Consideration kommt, müssen sich reguliren nach der Conduite, die von dem spanischen Ambassadeur*) ihnen fürgeschrieben wird, massen er sie theils durch Pensionen, theils durch eigene Inclination zu den spanischen Consilien, theils durch Furcht dermassen im Zaum hält, dass sich keiner rühren darf, absonderlich da sie das Exempel des Fürsten von Lobkowitz für Augen haben und sich billig an seinem Unglück spiegeln. Und ungeachtet er ein grosser Ignorant in ausländischen Affairen ist und erst zu Wien in die Schule zu gehen angefangen, hat er doch Künste gewusst, durch seine Douceur und Souplesse sich bei dem Kaiser bei weitem besser, als seine zwei antecessores, so geborne Spanier und daher voll Fierté waren, zu insinuieren und eine solche Autorität zu erlangen, dass man mit Wahrheit affirmieren kann, dass er bis dato alles regieret und der gegenwärtige Nuncius

---

*) Der hier wie früher oft erwähnte spanische Gesandte in Wien war de los Balbosos (Marchese Balbo, Duca di Sesto), wahrscheinlich ein Italiener. Seine Vorgänger waren die Spanier Don Diego und der Marquese de Malagon. Das Bonmot des päpstlichen Nuntius Spinola erklärt sich vielleicht durch den Vornamen des Gesandten, der wahrscheinlich Paul hiess.

Apostolicus nicht übel raillieret, wenn er gesaget, dass der Kaiser anjetzo Paulus, der Premierminister aber Leopoldus hiesse. Zwar es findet sich noch einer aus dem Geheimen Rath Graf Albrecht von Sinzendorff, der verwittibten Kaiserin Obrister Hofmeister, welcher unter der Hand sich mit in die Affairen mischet und in wichtigen Dingen jezuweilen vom Kaiser apart zu Rathe genommen und absonderlich vom Fürsten von Lobkowitz, der ihn für Andern wohl leiden konnte, darzu gebrauchet wird, dass er die gute Correspondenz zwischen Ihre Kaiserliche Majestät und dero Fr. Stiefmutter unterhalten und, wenn es nöthig war, sie zu Approbation der gefassten Consilien disponieren sollte, wodurch er denn und dass er dabenebenst mit dem berühmten Kapuziner Emmerich in ganz enger Vertraulichkeit stand, sich ziemlichen Credit zu Wege gebracht, auch verschiedene fremde Ministros an sich gezogen, deren desideria er nachgehends bei Gelegenheit secondieret. Allein weil er bei der Conferenz nicht gebrauchet wird, auch sonsten keine ordentliche Expedition unter Händen hat, besonders in die Affaires d'Etat sich nur gleichsam bittweise et per modum merae recommendationis immisciceret, haben wir droben seiner zu gedenken unterlassen. Er ist anders ein Mann von gar feinem Verstande und judicio, fehlet ihm auch weder an Phlegma noch Douceur, so dass er in Negotiationen von Importanz wohl und nützlich zu gebrauchen, wiewohl er darinnen unglücklich war, dass die Meisten, absonderlich aber die Italiener, dafür hielten, er stünde seiner Charge bei der verwittibten Kaiserin nicht dergestalt für, wie es die Nothdurft und das Interesse erfordert, auch seine antecessores zu thun gewohnet, als bei welchen niemals ein so grosser Geldmangel erschienen, wie unter seiner Administration sich meistentheils gefunden.

Unter den Ordensleuten ist der Kapuziner-Guardian P. Emmerich, dessen vorhin Erwähnung geschehen, der fürnehmste, ja fast der einzige, welcher etliche Jahr her beim kaiserlichen Hof gleichsam Profession gemachet, einen Staatsmann abzugeben, und nicht nur von den fremden und kaiserlichen Ministris die Visiten annimmt, und von ihrem desiderio pro et contra mit ihnen discourieret, sondern sich auch darmit beladen lässet, dass er darüber mit andern in Conferenz tritt, ja es selbst Ihr Kais. Majestät immediate vorträget und dero Resolution zurück bringet. Er war des Fürsten von Lobkowitz Intimus und, so man bei diesem etwas abzurichten hatte, Niemand so bequem als er solches zu proponieren und den Fürsten mit guter Manier zu demjenigen zu inducieren, was ihm recht und billig zu sein deuchte.. Und weil er dabenebenst bei dem Kaiser in überaus grossen Ansehen stand, hatte er sich dergestalt necessaire gemachet, dass er fast bei allen Sachen von Wichtigkeit, sie mochten fremde oder einheimische sein, concurrierete, ja nicht leichtlich etwas geschah, dass man nicht zum wenigsten mit ihm darüber consultieret und seine Gedanken vernommen hätte. Selbst der spanische Ambassadeur, wie mächtig er auch war und wie hart er den Kaiser angefesselt hatte, liess sich nichts destoweniger sehr angelegen sein, diesen Mann zu gewinnen, und so er ihn nicht ganz auf seine Meinung bringen konnte, ihn doch dahin zu bereden, dass er sich nicht opponierte, sondern stille darzu schwiege, wiewohl die letzten 6 oder 7 Monat, ehe ich von Wien abgereiset, der Ambassadeur ihn nicht mehr besuchet und zwar solches darum, weil er in dem Stück, dass der Kaiser sich in den Krieg nicht allzutief verwickeln sollte, dem Fürsten von Lobkowitz starken Beifall gab und unter andern auch den gegen Prinz Wilhelm von Fürstenberg gebrauchten rigorem, ja selbigen ganzen modum procedendi improbierete. Er ist sonsten in Ungarn geboren, aber von deutscher Extraction, ein Mann von etlichen 50 Jahren, und machet es nicht sowohl seine Erudition — denn selbige nicht sublimis sondern scholastica et vulgaris ist — als die Ingenuität und Aufrichtigkeit, womit er denjenigen, so ihn abordieren, zu begegnen pfleget, dass Jedermann mit ihm gerne zu schaffen hat und er insgemein für ehrlich und uninteressiert gehalten wird, durch welche beide Qualitäten er sich denn absonderlich des Kaisers Gnade dergestalt erworben, dass es schwer sein sollte ihn daraus zu bringen. Zwar stunden ihre viele in dem Gedanken, es würde der Fall des Fürsten von Lobkowitz auch Kräfte haben, ihn zu Boden zu reissen, absonderlich da er den ganzen Jesuitischen Schwarm wider sich hatte und eben dazumal nicht wohl beim spanischen Ambassadeur gesehen war. Allein er ist in Gnade und Autorität einen Weg als den andern feste geblieben, und hat der Kaiser gar nicht übel empfunden, vielmehr es approbieret, dass er dem Fürsten seine Affection bis ans Ende bezeiget, wie er denn der einzige gewesen, der die letzten drei Tage, da er sich den Hof zu räumen praeparieren musste, mit ihm conversieret und ihm ein und andern guten Rath mitgetheilet. So viel kann ich von ihm sagen, dass er dem Kaiser treulich gerathen, die mit Ew. Königl. Majestät ao. 68 geschlossene Alliance zu ratificieren und, wenn es immer sein könnte, noch enger zu machen, hergegen mit Frankreich ohne die höchste Noth in keinen Krieg zu verfallen, noch mit Holland und Spanien gar zu weit einzusteigen, weil er dafür hielte, man könnte auf jener Beständigkeit kein Fundament setzen, dieses aber nicht im Etat wäre hinauszuführen, was es angefangen, sondern suchte allein Deutschland ins Spiel zu haben, würde aber endlich selbst, wie er mir solches mehr als einmal gesaget, das Gelag bezahlen müssen. Er verwarf dabenebenst alle die Vehemenz und Schärfe, womit die Jesuiten das Reformationswerk in Ungarn und Schlesien tractierten, bekannte auch ohne Scheu, dass er sich verschiedentlich offerieret, in Beisein etlicher geheimen Räthe mit ihnen amico sich darüber zu vernehmen und die Gründe, worum er meinete, dass man in negotio reformationis einen ganz gelinden Weg und allein per doctrinam et bona exempla gehen müste, anzuzeigen, würde aber auch gern nachgeben, wenn man ihm solidis rationibus den andern modum erweislich und practicable machen könnte. Und eben dieses hat ihn bei den Jesuiten zwar unerhört verhasst gemachet, ist aber gleichwohl nicht suffisant gewesen, ihm den Credit zu benehmen, absonderlich weil er seiner Passionen ziemlich Meister ist und das Ansehen haben will, sich allein durch die Vernunft leiten zu lassen. Denn obschon die Jesuiten die Avantage hatten, dass sie des Kaisers Conscienz dirigierten, so war doch der fürnehmste unter ihnen, P. Müller, ein gar schlechter Mann und ein blosser Schulfuchs, der von den Affairen überall nichts verstand, und überdem hatten sie einen starken Opponenten an dem Fürsten von Lobkowitz, welcher sie wegen ihres übermachten Geizes und dass sie alles an sich reissen wollten, so viel drückte, wie er immer konnte. Dannenhero so lange er im Flor war, haben sie sich in die Staatssachen ouvertement nicht gemenget, sondern alles unter der Hand durch Hn. Hocher und Abele als ihre Creaturen negotiieren und nach ihrem Interesse dirigieren lassen, und war es der einzige P. Richard, des Prinzen von Lothringen Beichtvater, dessen sich der spanische Ambassadeur immediate bedienet, wenn er dem Prinzen etwas beigebracht haben wollte, wie er denn auch ein verschlagener Mann und ao. 1669 in Polen für seinen Herren künstlich genug agieret hatte*). Gleich wie sie aber niemals ohne Ränke gewesen, auch zu der Zeit, da man äusserlich meinete, sie hätten nicht so viel als vorhin zu sagen, zu ihrem Zweck

---

*) Nach freiwilliger Abdankung des Königs von Polen, Johann Casimir trat, freilich ohne Erfolg, auch der Herzog von Lothringen als Thronbewerber auf.

zu gelangen, also haben sie nach des Fürsten von Lobkowitz Disgrace das Haupt wieder empor bekommen, auch einen aus ihrem Orden P. Montecuculi bei der verwittibten Kaiserin ans Bret gebracht, durch welchen sie nun überall öffentlich negotiieren lassen, was sonsten heimlich und durch allerhand ambages geschehen müssen. Wann ich nun dieses alles zusammennehme und bei mir überlege, so vermag ich keinen andern Schluss zu machen, als dass es consilia Hispano-Jesuitica seien, die gegenwärtig am kaiserlichen Hof geführet werden, und gleich wie ich sie oben in Regard des gegenwärtigen Krieges specificieret und ihnen den scopum gesetzet habe, also muss von der Generalintention dieses sagen, dass man noch eben demjenigen Dessein von Ueberwältigung des deutschen Reichs und Unterdrückung dessen Freiheit inhaeriere, welche Carolus V. zuerst projectieret und anfangs er selbst, nachgehends aber Ferdinandus II. in Execution zu bringen getrachtet, worinnen sie auch aller Apparenz nach reussieret hätten, wenn nicht jener durch die glücklichen Waffen des Kurfürsten Moriz von Sachsen und Königs Henrici II. in Frankreich, der ihn durch eine starke Diversion appuyierte, dieser aber durch den glorwürdigsten König Gustavum Adolphum daran verhindert und zurückgetrieben worden. Denn ob man wohl meinen sollte, dass dieses nichts als Visionen und Chimaeren wären, womit die philosophischen Politici sich zu ergötzen pflegten, zumalen da in dem letzten deutschen und niederländischen Kriege dem Hause Oesterreich die Flügel dergestalt beschnitten zu sein scheinen, auch die beiden Kronen*) einen so festen Fuss im Reich gefasset haben, dass es überall massen schwer, ja fast unmöglich sei, den jetzt gemeldeten Zweck zu erhalten, so haben jedoch die Ministri und Schmeichler

---

*) Schweden und Frankreich.

dieses Hauses die starke Opinion und Hoffnung, dass Gott
der Herr die grosse Pietät und den Eifer, so er den österreichischen Prinzen, die römisch-katholische Religion wider
alle Rotten und Ketzereien zu protegieren und diese hergegen
zu vertilgen, von Anfang gleichsam eingepflanzet hat, damit krönen und beseligen werde, dass sie endlich zu ihrem
Zweck kommen und dadurch in einen solchen Zustand gerathen müssen, damit alsdann sie dem Erbfeind christlichen
Namens besser widerstehen und dermaleinsten den verdienten
Lohn abgeben könnten. Und zwar mangelt es nicht an behörigen Mitteln, ein solches Dessein auszuführen, wenn wir
ohne Passion considerieren wollen, was man zu Wien für
eigene Kräfte habe und was dabenebenst die kaiserliche
Würde, so sie in ihrem Hause gleichsam erblich gemachet,
darzu contribuieret. Denn obschon die beiden Ferdinande,
der andere und dritte, durch eine ungewöhnliche und unbedachtsame Liberalität ihre Domainial- und Kammergüter,
benebenst dem, was aus Veranlassung der böhmischen Unruhe
an ihren Fiscum verfallen, meistentheils verschenket und
zwar noch darzu mit diesem Beding, dass sie auf den Gütern
haftende Schulden auf sich und ihre Kammer genommen,
damit absonderlich die Geistlichkeit, welche einen grossen
Theil davon erhaschet, derenthalben nicht incommodieret
werden möchte, sind nichtsdestoweniger die Bewilligungen
und Contributionen der Stände von solcher Importanz, dass
wenn der Kaiser sie nur ein wenig anstrengen will, er jährlich sechs Millionen Thaler Silbermünze von ihnen haben
kann, wie ich denn glaubwürdig weiss, dass er ao. 73 sieben
und fünfzig mal hundert Tausend, ein und zwanzig Tausend
und zweihundert Florenen wirklich genossen, und noch darzu
die extraordinare Verzehrung der Regimenter, als sie auf
den Musterplatz nach Eger zu marschieret, nicht gerechnet
noch an der Bewilligung decourtieret worden. Worbei ferner

zu observieren, dass unter diese Summen weder Tirol mit den übrigen also genannten vorösterreichischen Landen, noch Ungarn gezählet werden, massen ich von jenem zu Wien keine Nachricht gefunden, indem es nicht von der Hofkammer dependieret, sondern ganz apart verwaltet und gleichsam zum kaiserlichen Sparpfennig behalten und aufgehoben wird. Mit diesem aber stehet es in lauter Confusion und kann kein gewisses Facit darüber gemachet werden, zumalen man gegenwärtig aldar recht à discretion lebet, und so viel von den Ungarn erpresset, als sie nur immer geben können. Wenn ich nun die noch übrigen wenigen Kammergüter mit den herrlichen Salzwerken und Zöllen, it. die Ungarischen Bergwerke, das Quecksilber in Friaul und Tirolische Einkünfte nur auf 3 Millionen setze, so wie sie den gewisslich allemal höher laufen, so kann der jetzige Kaiser, als der totum patrimonium domus austriacae in Deutschland beisammen und weder Bruder noch Vetter zu appanagieren hat, auf 9 Millionen Thaler Silbermünze ordentlichen Etat machen und dessen versichert sein, welches gewisslich eine considerable Revenue und darmit mehr, als geschiehet, auszurichten stünde, wenn die österreichischen Ministri ihren Herren nicht schon von langer Hand her weiss gemachet hätten, dass sie sich um die Kammersachen nicht bekümmern dürften, sondern selbige Sorgen als die mit ihrer Dignität und Grandeur nicht convenabel und darzu sehr verdriesslich und schwer wären, denen, so darüber bestellet, allerdings und absolute überlassen und also in diesem Stück nur mit fremden Augen sehen müssen, da es doch an sich selbst ein leicht und nur in einer guten Methode und Ordnung bestehendes Werk ist und billig die erste Occupation eines Herren sein sollte, massen auch die allerklügsten consilia ohne Execution bleiben und nur für gute Gedanken passieren müssen, wenn sie nicht zuvor mit dem Beutel in Rath gestellet und dessen Vermögen wohl überleget worden, zugeschweigen dass sich ein Herr gar oft um weit schlechtere Dinge bekümmern muss, ich auch an dem kaiserlichen Hofe selbst observieret habe, dass man jezuweilen ganz geringe und wenig importierende Sachen im geheimen Rath in des Kaisers Gegenwart debattieren lassen. Zwar es hatte der Burggraf von Prag Graf Martinitz fünf oder sechs Monat für meiner Ankunft zu Wien Ihre Kaiserl. Majestät von der Nothwendigkeit einer Reformation in der Kammer so viel fürgesaget, bis er es so weit gebracht, dass ihm derentwegen unter der Hand Commission ertheilet worden, einige Fürschläge zu thun und dem Kaiser die Bahn zu zeigen, wie man den eingeschlichenen Missbrauch und unnöthiges Dissipieren der gemeinen Einkünfte und Steuren und fernern Unterschleif verhüten könnte, worzu ihm denn unter andern der gemeinen Rede nach die grossen Mittel des Kammerpräsidenten Grafen von Sinzendorff*) Ursache gegeben, als dessen Vermögen, da er zu der Charge kommen, wie männiglich bekannt, nicht über 20,000 Rthlr. werth gewesen, nachgehends aber dermassen gewachsen, dass er einen einzigen Perlenschmuck für seine Gemahlin, so eine Herzogin von Holstein ist, um 60,000 Rthlr. bezahlet haben soll, ohne die schönen Güter und Herrschaften, die er hin und wieder verkauft. Es soll auch vorerwähnter Graf Martinitz schon ziemlich weit avancieret und nun eben darauf bestanden haben, dass die von ihm aufgesetzten principia applicieret und der Kammerpräsident zur Rechnung wegen seiner Administration gefordert und das Finanzwesen auf einen ganz andern und bessern Fuss gesetzet werden sollen. Allein weil dieser nicht rathsam gefunden den Hasard zu

---

*) Graf Georg Ludwig v. S., nicht zu verwechseln mit dem Obersthofmeister der verwittweten Kaiserin, Grafen Albrecht v. S. Erst im Jahre 1680 traf ihn die Strafe für seine gewissenlose Amtsführung. Vgl. Mailath öst. Gesch. IV, 378 ff.

stehen, noch sich einen so fetten Bissen aus den Zähnen rücken zu lassen, hat er sich hinter den Fürsten von Lobkowitz gemachet und ihm einen Anschlag gegeben, wie er eine zum Theil von seinem Herrn Vater noch herrührende verlegene Praetension, so sich auf 200,000 Florenen belaufen, baar bezahlet bekommen könnte, welches denn auch wirklich also erfolget und solche Summa aus der Kammer an den Fürsten geliefert, Graf Martinitz aber in seinem Dessein dergestalt traversieret worden, dass er am guten Success verzweifelt und ganz disgustieret von Wien ab und in Böhmen gegangen. Und dieses sind eben diejenigen Gelder, welche der Kaiser im abgewichenen November wieder zu sich genommen und dem Fürsten abgeborget, als er sich aus seinem Hause auf seine Güter in Böhmen führen lassen müssen, wovon das gemeine Geschrei ging, dass er sie vom König in Frankreich überkommen.

Darbenebenst kann der Kaiser in seinen Erblanden nicht nur einen starken exercitum formieren, sondern auch unterhalten, und es wird nicht leichtlich an Mannschaft mangeln, zum wenigsten so lange der Feind sedem belli nicht darinnen machet, worvon wir bei dem langwierigen deutschen Kriege vielfältige Exempel und Proben gesehen, so dass es scheinet, als wären diese Länder nicht einmal auszuschöpfen, nachdem malen seither ao. 18 sie fast keine Ruhe gehabt, sondern immer eine Armee nach der andern fournieren und durch Schickung so vieler stattlicher Truppen in Italien, Portugal und die spanischen Niederlande, it: durch den Krieg in Polen und Dänemark, nachgehends in Siebenbürgen, und gegen den Türken gleichsam continuierlich in Werbung und Richtung neuer Regimenter und Armeen begriffen sein müssen. Und nichts desto weniger hatte der Kaiser ao. 73 eine Macht von 60,000 Mann auf den Beinen, wovon Ew. Königl. Majestät ich damals eine pertinente Liste allerunter-

thänigst überschicket habe, mussten auch also von den
Ständen verpfleget werden, ob ich wohl nicht eben affirmieren will, dass die Compagnien alle complet gewesen. In
die Länge hätte es zwar den Ländern schwer fallen dürfen,
eine so starke Armee zu entretenieren, allein wenn Spanien
nur 8 bis 900,000 Rthlr. jährlich zur Milice herschiessen
wollte, sollten sie gar wohl recroutieret und Jahr aus Jahr
ein in den Erblanden verpfleget werden können, welches
denn mit demjenigen, so ich vom Markgrafen Hermann von
Baden verstanden, übereinkömmt, dass nämlich der Marquis
de Castel Rodrigo zeit seiner Ambassade zu Wien ein Project
gemachet, vermöge dessen der König in Spanien obligieret
sein sollen, alle Jahr anderthalb Millionen Rthlr. herzuschiessen, dahingegen der Kaiser allezeit effective 70,000
Mann in seinen Erbländern, worvon 30,000 Mann jedesmal
zu Dienst der Spanier entweder in Italien oder die Niederlande zu gehen parat sein müssen, haben sollte, und habe
Castel Rodrigo dieses für eine sonderbare Menage geachtet,
weil anders eine Armee von 30,000 Mann dem König von
Spanien bei weitem mehr kosten würde.

Und so gross ist die Macht des Hauses Oesterreich deutscher Linie, worzu wenn ich setze die sonderbaren Avantages, welche die kaiserliche Würde nach sich ziehet, so muss
man sich gar nicht verwundern, wenn sie zu Wien die Nase
hoch tragen und weit aussehende Anschläge führen. Denn
obschon der Kaiser von dem Reich keine Geldmittel hebet
und die Bewilligung der 40 oder 50 Römer-Monate, darvon
ein einfacher sich ungefähr auf 70,000 Florenen belaufet
(wenn das Königreich Böhmen mit den österreichischen und
burgundischen Kreisen darvon eximieret werden), um so
viel weniger in Consideration kommen, als nicht leicht ein
Stand ist, der nicht zu compensieren und abzurechnen hat
und darzu der Kaiser entweder den fürnehmsten Kurfürsten

und Fürsten selbst oder dero Principalministris das auf sie fallende Contingent verehren lässet, um sie bei gutem Humeur zu erhalten, auch man nicht einmal weiss, wo die also genannte Reichs-Steuer, wovon art. 29 Capitulationis Caesareae gemeldet, wieder hinkommen, und wieviel sie endlich austragen sollten, so ist nichts desto weniger diesem ohnedas mächtigen Hause ein hochschätzbares Kleinod und Vortheil, mit der Kaiserlichen Dignität gezieret zu sein, in Erwägung dass es dadurch allezeit einen Prätext in den Händen hat, sich sowohl in die zwischen den Ständen des Reichs als auf den deutschen Grenzen unter den benachbarten Potentaten entstehenden Streitigkeiten ex officio Cäsareo einzumengen, einen grossen Theil dero Kriegesmacht auf der Stände Beutel unterhalten und dadurch nicht nur diese, sondern auch seine anderen Feinde und aemulos demüthigen und incommodieren zu können. Drum wird auch keine Gelegenheit leichtlich vorbei gelassen, diesen Vortheil zu gebrauchen, und habe ich es zu dem Ende droben pro principali arcano dominationis Caesareae angegeben, welchen die Anflickung des burgundischen Kreises und des Herzogsthums Lothringen an das Reich nicht wenig verificieret, indem man aeternam litium materiem mit Frankreich dadurch überkommen, zugeschweigen dass unter so vielen Ständen es nimmer an Streit und consequenter dem Kaiser nimmer an Occasion mangelt, sub specie executionis Deutschland auszumergeln und den so lange gesuchten Dominat zu etabliren. Denn dass der Kaiser den Reichshofrath und dadurch das Vermögen hat, nicht nur von allen Lehns-, sondern auch andern Streitigkeiten zwischen den Ständen einen Richter abzugeben, ist der andere Vortheil, den das kaiserliche Amt mit sich führet, dessen Importanz man an selbigem Hof dergestalt wohl verstehet, dass sie in dem Ao. 71 mit Frankreich aufgerichteten Tractat nichts so sehr in Acht genommen und für sich stipulieret, als dass der König sich in das Justizwesen im Reich nicht mischen, sondern demselben seinen ungehinderten Lauf, das ist dem Kaiser freie Hände lassen sollte, die Stände zu opprimieren und einen mit dem andern zu verderben, welches sie fürnehmlich auf diese Weise ins Werk richten, dass sie erst die Sache so lange trainieren, als es ihnen gut dünket, um dadurch beide Parteien durch Furcht und Hoffnung an sich zu halten, nachgehends aber ehe nicht entscheiden, bis sie einen recht obligieren, dem andern aber extreme weh thun können. Absonderlich aber sehen wir, dass der kaiserliche Hof die Decision der zwischen fürnehmen Ständen erwachsenen Misshelligkeiten insgemein bis dahin versparet, wenn entweder das Reich schon wirklich in Unruhe verfallen ist oder dergleichen unfehlbar zu befahren stehet und der Kaiser eine starke Armee auf den Beinen und den Ständen gleichsam schon auf dem Nacken sitzen hat, damit alsdann sub specie executionis er denjenigen, welcher seinem Interesse aveuglement nicht gefolget, übern Haufen werfen, sich an ihm revangieren und zum wenigsten in dem Hause ewigen Zank und Hader verursachen könne und consequenter sie ganz und gar ausmatten und zu allem Guten untüchtig machen möge. Und gleichwie wir dessen in saeculo superiori ein Exempel haben, da Carolus V. eben zu der Zeit die Controversie zwischen Hessen und dem Hause Nassau über die Grafschaft Katzenelnbogen in praejudicium des ersten decidierte, als er Landgraf Philipp gefangen hatte, also hat Ferdinandus II. die Streitigkeiten in den Häusern Hessen und Baden ehe nicht erörtert, bis er victorieux in Deutschland war und diejenige Partei, so ihm zu Willen gewesen war, mit den Waffen appuyieren könnte. Auf gleiche Weise haben sie mit der oldenburgischen Sache procedieret, in welcher sie noch nicht so balde gesprochen haben würden, wenn sie nicht geglaubet en état zu sein die Execution gegen denjenigen befördern zu können, der sich unterstehen dürfte, ihre gegenwärtigen Desseins zu contrecarrieren, wie sich denn der Reichshofrath gar klüglich betragen, dass er zwar die definitivam, die Kron Dänemark zu obligieren, gegeben, aber noch allezeit freie Hände behalten, selbige wieder übern Haufen zu werfen oder zum wenigsten die Execution noch auf eine andere und für des Kaiers Interesse bequemere Zeit zu differieren. Eben also werden sie es auch mit der jülichschen Successionssache machen, und weil ihnen das erste Dessein, selbige Länder per modum sequestrationis in die Klauen zu bekommen, gefehlet, auf die obbeschriebene Weise ihren Profit daraus zu ziehen trachten, wie denn Ferdinandus II. schon so viel daran genossen, dass er Kursachsen bei voriger Unruhe in Böhmen meist dadurch gegen Pfalz aufgesetzet, dass er versprochen, selbigen Streit zu dessen Faveur zu erörtern, muss auch anjetzo darzu dienen, dass sie den Pfalzgrafen damit im Zaum halten und von Frankreich abziehen, absonderlich nachdem es sich eben zu seinem Unglück gefüget, dass er mit einigen seiner Stände in Uneinigkeit verfallen und die Sache beim Reichshofrath anhängig war, massen sie dadurch Anleitung genommen, dem Gouverneur zu Brüssel sub nomine Circuli Burgundici die Protection über die jülichsche und bergische Lande aufzutragen und dadurch Occasion zu subministrieren, den spanischen Garnisonen in Ruremonde und Venlo gute Verpflegung aus selbigen Landen zu verschaffen. Es geschah auch fürnehmlich intuitu der Gewalt, die der Reichshofrath dem Kaiser in die Hände giebet, dass der Reichsvicekanzler eben in der Sache des Herzogs von Neuburg, in dessen Faveur ich zu reden befehliget, fein deutsch heraussagete, es müsste der Kaiser einmal weisen, dass wenn ein deutscher Fürst, wer er auch sei, ihm nur eine umbram gebe, dass er balde a part machen und seine consilia den Kaiserlichen conträr führen wollte, keine Puissance in der Welt zu finden sei, die ihn für den Ruin garantieren und befreien könnte. Dergleichen Zwistigkeiten geben dem Kaiser auch diese Avantage, dass die Stände niemals*) einander zum Schaden ihre eigenen höchst importierenden Jura im Zweifel ziehen, wie wir eben dessen in der oldenburgischen Sache ein ganz neu Exempel haben, da Plön das von Dänemark und Gottorp allegierte also genannte Fürstenrecht, welches darin bestehet, dass der Kaiser de feudis majoribus et annexam dignitatem habentibus non nisi cum pluribus curiae und durch Fürsten in Person sprechen kann, für eine Fabel und ungegründetes Begehren traducieret, weil es gemeinet, sein Conto darinnen nicht zu finden, ungeachtet aus der deutschen Historie genugsam bekannt, dass dergleichen Recht allemal im Gebrauch gewesen und durch einige Constitution niemals abrogieret, vielmehr aber im achten Artikel des Instr. Pacis unter dem Namen und Begriff omnium laudabilium Imperii consuetudinum**) confirmieret, auch in der jülichschen Controversie von den possedierenden Fürsten nachdrücklich angezogen worden. Drum sollte es einen billig mehr Wunder nehmen, dass man bei dem deutschen Frieden nicht besser vigilieret hat, dem Kaiser in diesem Stück die Nägel etwas genauer zu beschneiden und das Pouvoir des Reichshofraths, der in dem jetzigen Zustande so gut als eine Armee von 20 Tausend Mann ist, dergestalt zu limitieren, dass man die Stände nicht nach Belieben damit vexieren und im Zaum halten könnte, wenn nicht noch andere Sachen zu Osnabrück passieret

---

*) Es soll wohl heissen: Niemals als einander zum Schaden etc.
**) Zum Schluss des achten Artikels des Inst. Pac. Caesareo-Succicae heisst es: Omnes laudabiles consuetudines et sacri Rom. Imp. constitutiones et leges fundamentales in posterum religiose serventur, sublatis omnibus, quae bellicorum temporum injuria irrepserant, confusionibus.

wären, die sich gar nicht verantworten lassen und die bei nächster Pacification nothwendig corrigieret werden müssten, im Fall man nicht rathsamer findet, es also in der Confusion, bis die ganze Machine vollends übern Haufen gehet, stehen zu lassen als es in eine nöthige Harmonie zwischen dem Kaiser und den Ständen zu bringen. — Der dritte Vortheil des Kaisers bestehet in dem Zweispalt in der Religion der durch Lutheri und Calvini Lehre introducieret und, wie man zu glauben Ursache hat, vom Kaiser Carolo V. selbst fomentieret und geheget worden, als ein excellentes Mittel, damit nicht allein die Stände nimmermehr bona fide in ein Horn blasen und ihre eigene Libertät gegen einen Kaiser conjunctis viribus et consiliis vertheidigen möchten, sondern auch der Kaiser allemal einen plausibeln Prätext hätte, sub titulo advocati Ecclesiae Romanae diejenigen, so von derselbigen abgetreten und ausgegangen, als ungerathene und rebellische Kinder mit Verlust ihrer Freiheit wieder zum Gehorsam, in der That aber unter sein Joch zu bringen, wie wir im verwichenen saeculo gesehen, dass jetztgedachter Kaiser es meisterlich also practicieret. Denn ob wir wohl nicht anders glauben müssen und können, als dass die göttliche Providenz hierinnen ihr Werk gehabt und nicht permittieren wollen, dass die Wahrheit des Evangelii von dem päpstlichen Greuel länger unterdrücket werden sollte, so ist das, was Gott hierbei intendieret hat, von dem Zweck, den Carolus V. darunter suchete, wohl zu unterscheiden und diesem nach nicht glaublich, dass ein Kaiser, der keine Scheu trug, den heiligen Vater selbst in der Engelsburg zu belagern und einen Spott aus ihm treiben zu lassen, sich ein Gewissen gemachet, einen elenden Mönch zu Worms beim Kopf zu fassen und ihn entweder zum Widerruf zu bringen oder zwischen vier Wände hinzusetzen, dass er nimmer für den Tag wiederkommen wäre, wenn er nicht gehoffet, dass eben dieser

Mönch ihm zu seiner Intention, Deutschland zu subjugieren, herrliche Gelegenheit an die Hand geben könnte. Zwar es haben die evangelischen Kurfürsten gemeinet, einem Kaiser den Prätext zu benehmen, dass er dieses Vortheiles, sie zu incommodieren, nicht gebrauchen könnte, wenn sie in der Wahlcapitulation ihn zu Observanz desjenigen nicht verbunden haben wollen, was er sonsten als advocatus Ecclesiae dem Römischen Stuhl zu leisten schuldig. Allein wie ein schweres Mittel dieses sei, den Kaiser, wenn er Occasion darzu hat, von Oppression der Evangelischen abzuhalten, begreifen diejenigen gar leichtlich, denen die Jesuitische verteufelte Moral bekannt ist, als durch welche man nicht allein von allen diesen Obligationen ohne sonderbare Mühe absolvieret werden kann, sondern, was noch mehr ist, alle dergleichen Promessen obligieren nicht einmal, wenn man sie schon mit tausend Eidschwüren bekräftiget. Darum haben wir no. 48 und 50 wahrgenommen, dass der Papst nicht begieriger gewesen sei, wider den osnabrückischen Frieden zu protestieren und selbigen als einen gottlosen und über eine in göttlichen Rechten verbotene Sache errichteten und consequenter Niemand obligierenden Contract zu annullieren, als der Kaiser, die Würdigkeit dieser Protestation zu agnoscieren und zuzulassen, dass die zu dem Ende verfertigte römische Bulle zu Wien an alle Kirchenthüren öffentlich angeschlagen worden, wie denn da benebenst Ew. Königl. Majestät ich allerunterthänigst versichern kann, dass der jetzige Kaiser durch den an seinem Hof gegenwärtig habenden Nuncium den Papst in verwichenem Jahr assecurieren lassen, dass ob er schon durch die Declaration gegen Frankreich verursachen müssen, dass der in die vereinigten Provinzen publiquement introducierte römische Gottesdienst in Decadenz kommen und wieder abgeschaffet worden, er nichts desto weniger, wenn nur Gott seine Waffen mit Sieg und

Glück krönen würde, solches alles an einem andern Ort wieder einbringen und die abgenommenen geistlichen Güter in Deutschland restituieren, mithin die so tief eingewurzelte Ketzerei aus dem Grunde ausrotten und vertilgen wollte, worzu der Papst durch jetzt angezogene Bulle bereits gute Anleitung gegeben, indem er ihn von der an selbiges Friedensinstrument habende Obligation in antecessum losgesprochen, dass also kein Zweifel, man werde sich dieses Versprechens gar wohl erinnern, auch wenn man es etwan vergessen wollte, von Rom aus fleissig derentwegen angemahnet werden, sobald sichs nur will practicieren lassen.

Der vierte Hauptvortheil bestehet darinnen, dass der Kaiser der Ursprung und Brunnquell aller Dignitäten im Reich ist und Keiner durch ganz Deutschland in eine höhere Condition und Stand gesetzet werden kann, als allein durch den Kaiser, wodurch er denn viele Creaturen machet und diejenigen, so von Ambition und Ehrgeiz stark getrieben werden, an sich zeugt und zu Wege bringet, absonderlich wenn regina pecunia ein wenig mit darzu kommt, dass sie öfters nicht nur ihre eigene Herren, sondern andere, bei denen sie einigen Credit haben, zu dergleichen Consilien verleiten, welche ihrer Freiheit und Interesse directe zuwider sind, dem Kaiser aber Mittel suppeditieren, ihnen insgesammt das Netz über den Kopf zu ziehen, wie ich selbst hiervon augenscheinliche Exempel am kaiserlichen Hof gesehen und verschiedene Personen nennen könnte, wenn es von Nöthen. Wenn ich nun die citele Hoffart und ungegründete recht einfältige Opinion der deutschen Fürsten insgemein hinzufüge, vermöge welcher sie sich flattieren, ob hätten sie eigene Kräfte genug, gegen einen ihrer Freiheit nachstellenden Kaiser sich zu vertheidigen oder dass fremde Potentaten ihnen nothwendig umsonst und gleichsam ihres gelben Haars wegen zu Hülfe kommen müssten, so werde ich nicht allein in der oben avancierten Proposition von den kaiserlichen Consilien bekräftiget, sondern ich gehe auch noch weiter und bin allerdings in der Meinung, dass es einem so mächtigen Prinzen, wie der itzige Kaiser ist, nicht einmal schwer sei, zu exequieren, was er sich hierunter fürgenommen. Denn obschon die Macht der deutschen Stände in sich selbst grösser und stärker, als die österreichische, so ist doch diese bei weitem mehr formidabel als die andere, zumalen es moraliter unmöglich, dass die Stände coalescieren und unter einen Hut gebracht werden können, und zwar nicht nur ob diversitatem professionis, indem ein Theil geistlich, die andern aber weltlich sind, und diesem nach wegen der unterschiedlichen Interessen und Visées gar selten in ein Horn blasen, sondern auch ob diversitatem religionis, bei deren Introduction die Evangelischen sich nicht damit vergnüget, dass sie sich der römisch-katholischen Religion und Jurisdiction entzogen, sondern sie haben ihnen auch so viel herrliche Fürstenthümer und Länder entwendet und dadurch sich einen ewigen Hass der ohne dem zu Rache von sich selbst sehr geneigten Geistlichkeit über den Hals geladen, welchen dermaleinsten an ihnen ausüben zu können sie nichts erwinden lassen werden, wenn es auch gleich mit Hasardierung ihrer eigenen Freiheit geschehen sollte, worzu sie sich desto leichter resolvieren können, als sie ohnedem insgemein nicht von den fürnehmsten und mächtigsten Familien sind, auch ihre Dignität nur per electionem haben und auf ihr Geschlecht nicht transportieren können und überdem der Hoffnung leben, dass unter einem so devoten und der Clerisei hochgeneigten Herren, wie die vom Hause Oesterreich zu sein pflegen, sie an ihrer Autorität und Reichthum nicht allein keinen Abgang leiden, sondern noch einen merklichen Zuwachs überkommen würden. Ja die Stände werden auch nimmer eins sein ob nimiam disproportionem virium et potentiae, als wodurch geschiehet, dass der Schwächere insgemein einen Tort nach dem andern von dem Stärkeren vertragen muss und also seiner Freiheit und praerogatio gar wenig sich zu erfreuen hat, dahero auch so viel nicht achtet, wenn gleich ein mächtiger Kaiser den Kur- und anderen Fürsten, die instar regulorum über die Kleinen geherrschet, die Schwingfedern ausropfet und ihnen das Fliegen verwehret, zumalen er von jenem mehr nicht zu fürchten haben kann, als er von diesem schon erduldet. So ist überdem nicht ein einziger Stand, der aus seinen eigenen Mitteln eine Armee von 15,000 Mann ins Feld setzen und, ohne seine Unterthanen äusserst anzugreifen, Jahr und Tag unterhalten kann, es möchte denn etwan Kurbayern sein, als den ich wegen der in seinem Lande im Schwang gehenden Oeconomie fast für den mächtigsten unter den deutschen Herren rechnen muss, der aber hergogen also situiret ist, dass er gegen Oestreich meist offen stehet und Noth haben würde, den Feind aus den visceribus seines Landes zu halten, wenn er mit Vigueur vom Kaiser attaquieret werden sollte. Und gesetzet dass noch einige mehr wären, die ein Corpus von obbeschriebener Anzahl auf die Beine bringen und gegen den Feind führen könnten, so ist doch nicht zu vermuthen, dass wenn sie nur ein einzig notabel Unglück mit Verlierung einer Bataille oder anderer Ruinierung ihrer Armee erlitten, sie wieder aufkommen werden, wie wir bei vorigem deutschen Kriege an Kurfürst Friedrich von Pfalz, Herzog Christian von Braunschweig, dem Markgrafen von Durlach und an Kursachsen hiervon deutliche Proben gesehen, so dass es scheinet, es habe Prinz Moritz von Oranien nicht ohne Ursache von den deutschen Fürsten gescherzet, dass sie im Frieden zu hoffärtig und im Kriege zu ohnmächtig wären, und muss uns hierinnen das Exempel des alten Kurfürsten von Bayern nicht irre machen, massen selbiger den Beutel der ganzen Ligue zu seinem Commando und darbenebenst so viel Stifter hatte, die ihm contribuieren und wieder in den Sattel helfen mussten, consequenter dessen eigenen Kräften mit Recht nicht attribuieret werden kann, dass er ausgehalten. Dergleichen Beschaffenheit es auch mit Hessen-Cassel gehabt, das von Anfang bis zu Ende ansehnliche Geldsubsidien von Frankreich genossen und darbenebenst von Schweden kräftiglich appuyieret worden. Solche oberzählte und andere mehr aus der inwendigen übeln Constitution der ganzen deutschen Machine nothwendig herfliessende Schwachheiten sind den Kaiserlichen Ministris dermassen bekannt, dass sie allerdings und als ein Evangelium glauben, es könne die Zusammensetzung der deutschen Stände sie nicht einmal gegen einen auswärtigen Feind garantieren, wenn dem Kaiser nicht eine illimitierte Direction und dictatoria quaedam potestas über selbige aufgetragen werde, massen Hr. Hocher, der sonsten sehr retiré ist, mir solches ganz deutlich zu verstehen gegeben und die von ao. 1598 in dem Reich und in specie gegen den westphälischen Kreis und Kurfürstenthum Cöln durch Spanien und Holland verübten Insolentien, gegen welche man jedoch nimmer zu einer nachdrücklichen Verfassung und Restitance kommen können, artlich zu allegieren gewusst mit dem angehängten Schluss, dass es ihnen gegenwärtig eben also ergehen und alle ihre Reichsarmatur in die Luft verschwinden werde, diesem nach der Kaiser sein Bestes dabei thun und ihr Vormund sein müsste.

Ja man hat mit dem Herrn Markgraf von Baden Durlach*)

---

*) Schon 1672 war der Markgraf Friedrich von Baden in Regensburg zum obersten Befehlshaber der Reichstruppen ernannt worden. Aber das Reichsheer als solches kam nicht zur Thätigkeit, da es eben so in den Verhältnissen wie im Interesse des Kaisers lag, nicht nach den beschränkenden Bestimmungen einer Reichskriegsordnung, sondern selbständig mit Unterstützung der einzelnen Reichsfürsten den Krieg zu führen.

und seinem Reichs-Generalat eine rechte Comoedie gespielet und den Handel sovielmal verdrehet, dass er unmöglich anders judicieren können, als dass der Hof seiner gespottet und ihm bloss wegen seines vielfältigen Anhaltens dan und wan eine nichts bedeutende Resolution ertheilet, damit er gleichwohl für alle seine Mühe und Unkosten ein Papier in den Händen hätte und nicht alle Hoffnung auf einmal fahren liess, wie der Hr. Markgraf Hermann mir auf gut deutsch gesaget, man müsse seinem Vetter die Freude gönnen, dass er sich mit dem Reichs-Generalat occupiere, es würde aber nichts daraus werden, sei auch weder dem Reiche nöthig noch dem Kaiser nützlich, ohn allein wenn man in einen Türkenkrieg verfiele, und darum müsste der Hof also damit umgehen, dass es weder ganz zum Stande käme noch alle Hoffnung, darin zu reussieren, abgeschnitten werde, weil es gleichwohl auf jetzerwähnten Fall einigen Nutzen schaffen könnte. Als ich auch einsten mit dem Grafen von Königseck auf Ew. Königl. Majestät allergnädigten Befehl von dieser Materie zu discourieren kam, und dass der punctus securitatis*) endlich zu seiner Richtigkeit, absonderlich bei damals aufgehenden Kriegesfeuer zwischen Frankreich und Holland, gedeihen möchte, nachdrücklich recommendierte, gab er mir nach vielen vergeblichen Raisonnieren endlich diese offenherzige Antwort, dass ich ja nicht begehren könnte noch würde, dass der Kaiser zu Einrichtung einer stets auf den Beinen stehenden Armee im Reich arbeiten sollte, zu welcher er zwar aus seinem Hause 9000 Mann und also fast den dritten Theil geben müsste, aber dabei anders nichts zu sagen hätte, als dass er simplement einen Generalwachtmeister be-

---

*) Punctus (statt punctum) securitatis, d. i. der auf den Reichstagen noch nicht verglichene Punkt der Verpflichtungen der Reichsstände zur Sicherung derselben unter einander und gegen auswärtige Feinde durch Organisation eines Reichsheeres.

stellen könnte., woraus zugleich die Proportion, so die dem Hause Oestreich in Deutschland und den Niederlanden zugehörigen Provinzen gegen das ganze Reich haben, erhellet. So sie nun gegen eine fremde Macht sich nicht vertheidigen können, was sollen sie denn gegen einen Kaiser thun, der so viele und grosse Avantages, wie zum Theil oben angeführet ist, in seinen Händen, deren sich ein ausländischer Potentat nicht zu gebrauchen, zumalen der kaiserliche Hof auch den Articulum octavum Instrumenti Pacis*), welchen fürnehmlich die andern Stände zu Behauptung ihrer Freiheit gegen den Kaiser und die Kurfürsten fabricieren lassen, dahin gedrehet, dass er die beiden höhern Collegia in einer stets währenden Jalousie und Missverstand dadurch entretenieret, wie ich solches in materia Capitulationis perpetuae zu Wien selbst erfahren, indem der Hof, was ich auch für Instantien deswegen gemachet, niemals darzu zu bringen gewesen, dass er in selbiger Sache den Ausschlag geben und dadurch die Stände in eine nöthige Harmonie bringen wollen, ungeachtet er das Werk in seinen Händen und die Kurfürsten nothwendig nachgeben müssten, wenn der Kaiser nur approbieren wollen, was Kurfürstlicher Seiten schon einmal gut geheissen und accordieret worden. Es kommt dannenhero auf die beide Kronen an, so der deutschen Stände Freiheit in Zeit der Noth maintenieren sollen, gegen welche aber der Kaiser ein solch Pflaster gefunden, dass er sie fast alle, ab-

---

*) Der achte Artikel des Inst. Pacis Caesareo-Succicae garantierte das Stimmrecht der Reichsstände in allen Reichsangelegenheiten und verordnete die Feststellung einer beständigen kaiserlichen Wahlcapitulation zu Gunsten der Fürsten gegen die Eigenmächtigkeit der Kurfürsten. Dies sind die beiden höheren Collegia, deren Einigung gehindert zu haben dem Kaiser vorgeworfen wird. Das dritte Collegium auf dem Reichstage, das sich meist den zwischen den beiden andern Collegien gemachten Vereinbarungen fügte, war das der Städte. Vgl. Heinrichs deutsche Reichsgeschichte Bd. VII. S. 82 ff.

sonderlich die Protestanten, wider selbige aufgehetzet und im Harnisch gebracht, ungeachtet sie die Erhaltung ihrer Religion und Freiheit ihnen nächst Gott zu danken haben, und würde gewisslich eine recht seltsame facies rerum für den Tag kommen sein, wenn es den 122,000 Mann, welche der zu Wien selbst gemachten Rechnung nach im abgewichenen Jahr wirklich gegen Frankreich im Felde gestanden, dergestalt gelungen wäre, dass sie dem König einen Hauptstreich versetzen, darauf in sein eigen Land eindringen und sedem belli daselbst machen können.

Hier möchte man aber einwenden, dass weil ich selbst oben von dem zarten Gewissen des Kaisers gemeldet und dabenebenst angefüget, dass er von Natur zu keiner Weitläuftigkeit Lust habe, nicht zu vermuthen stehe, dass er die deutsche Freiheit zu unterdrücken intendiere, zumalen da er in seiner mit einem Eide bekräftigten Capitulation das Gegentheil versprochen, und die Sache nicht so leicht sei, dass man sie ohne grosse Mühe und Gefahr in kurzer Zeit ausführen könnte. Allein eben das zarte Gewissen ist es, so ihn dahin treibet, dass er auch wider seine Inclination dergleichen consiliis nachhängen und den directoribus seiner Conscienz, das ist den Jesuitern und Jesuitischen Räthen, folgen muss, gestalten diese ihn versichern, dass er als ein christlicher Kaiser, ohne sein Gewissen merklich zu verletzen, nicht unterlassen könne, die in Deutschland bei Regierung des Hauses Oesterreich entstandene Ketzerei und Absprung von der römischen Kirchen zu vertilgen und die verirrten Schäflein wieder zurecht zu bringen, so bald nur einige Gelegenheit darzu anscheine, welches aber ohne Veränderung des ganzen Etats im Reich und Oppression der Freiheit nicht geschehen kann, nachdem malen die protestantische Religion mit selbiger dergestalt verknüpfet ist, dass eines ohne das andere nicht zu convellieren, sondern bei jetzt gestalten

Sachen nothwendig folgt, dass wer die Religion anficht, auch zugleich die Libertät angreift, massen es eben die edelste Freiheit ist, in dem Gewissen nicht beeinträchtiget zu werden, und das grössester Kleinod der evangelischen Stände, jura episcopatus sine limitatione in ihren Landen zu exerciren. Und schadet nicht, dass auch die Katholischen zugleich mit leiden müssen, weil jene, ohne diese mit zu drücken, nicht leichtlich zur Raison zu bringen seien und es endlich für die Nation am besten, wenn sie einen souverainen und absoluten Herren überkämen und dadurch allen ihren Nachbarn formidabel werde, zu geschweigen dass man zu Wien persuadieret ist, dass kein deutscher Stand den schweren Eid, den er bei der Lehnempfängniss dem Kaiser leisten muss, aufrichtig halte und seinen Pflichten nachkomme, und diesem nach der Kaiser auch nicht obligieret sei, auf seiner Seiten zu praestieren, was er zugesaget, auch über das es an Mitteln nicht fehlet, von der Capitulation absolvieret zu werden, wenn nur der römischen Kirchen ein Vortheil dadurch zuwächset.

So wird auch die türkische Nachbarschaft zu Wien nicht dergestalt apprehendieret, dass man derentwegen die Gedanken, in Deutschland einen absoluten Dominat zu stiften, fahren lassen sollte, weil dieses bei einer guten Occasion, und ehe der Türk Zeit und Mittel hat, sich darin zu mengen und den Kaiser anzufallen, ins Werk gerichtet werden muss, auch auf allem Fall besser, dass die Ungarn noch ein wenig härter gezüchtiget und ein paar Plätze verloren werden, gestalten diese leicht wieder zu gewinnen sind, wenn das obige Dessein ausgeführet. Und es sei ihrer Hartnäckigkeit und Hass gegen die deutsche Nation einzig und allein zuzuschreiben, dass der Türk bis anhero soweit avancieret und keinen grösseren Widerstand gefunden; gleichwohl werde hiernächst desto leichter zu resistieren sein, je mehr die türkische Milice und Disciplin in Abnehmen gerathen, nachdem die alten und von Kindesbeinen in den Kriegesexercitien aufgezogenen und geübten Janitscharen in dem ungarischen, candischen*) und jetzigen polnischen Kriegen meist umkommen, die neuen aber nicht mehr von denen den Christen zum Tribut abgezwungenen Kindern bestellet werden, weil solches die Länder allzusehr depeuplieret, sondern man gegenwärtig genöthiget sei, allerhand ungeübtes Gesindlein unter die Janitscharen zu nehmen und ins Feld zu führen, wenn sie gleich nur ein paar Monat enrolliret gewesen, wie ich solches von Hrn. Montecuculi selbsten gehöret.

Von Polen wissen sie zwar so viel, dass der jetzige König keine sonderliche Ursache habe, gut österreichisch zu sein, auch wider sein Interesse streite, dass der Kaiser allzu mächtig werden sollte. Allein sie glauben, dass er mit den Türken, Kosaken, Tartaren und Russen so viel Hühner zu pflücken habe, dass er den Kaiser wohl werde zufrieden und ungehindert lassen müssen, wie denn Hr. Hocher, als die Zeitung von des Hn. Sobieski Wahl nach Wien kam, sich alsobald damit tröstete, dass er Freunde und Appui von Nöthen haben, auch zu Hause genug zu schaffen finden würde.

Ebenmässig ist von der italienischen Seiten nichts zu fürchten, weil es der Papst gerne siehet, dass er seine vorige Autorität und darvon dependierende Avantage in Deutschland wieder erlanget, auch die anderen Souverainitäten kein notabel Interesse dabei haben, die Signorie von Venedig aber keinen exercitum zusammen bringen könne, den man sehr zu respectieren, weil von den Deutschen, die ihr sonsten zulaufen, sich gar wenig gegen den Kaiser gebrauchen lassen würden, zu geschweigen dass sie ihren eigenen auf dem platten Lande habenden Conqueten wenig Guts zutraut und hier

---

*) 1669 wurde Candia von den Türken erobert und das Jahr darauf von Venedig an dieselben abgetreten.

und dar eine gewisse Revolte und Abspringung von ihrem Joch zu befürchten, sobald sie sich zu einem Krieg gegen den Kaiser resolvieren sollte. Und dieses ist was von meiner Negotiation am kaiserlichen Hofe und dem daselbst befindlichen Zustand und Consilien Ew. Königl. Majestät in aller Unterthänigkeit berichten können, und zwar aus einem allerdings desinteressierten Herzen, als von welcher Passion mich meine natürliche Ingenuität, das grosse Vacuum in meinem Beutel, meine gar enggespannte Ambition, die von mir weit entfernte Vanität und fürnehmlich die Ew. Königl. Majestät und der Kron bei allen meinen Verrichtungen durch Gottes Gnade erwiesene schuldige Treue leicht absolvieren und lossprechen. Ich habe auch Ew. Königl. Majestät und der Kron niemals anders zugetrauet, als dass Sie einem armen aber gar leicht zu vergnügenden Diener ein Stücklein Brod, wenn er es verdienet, zuwerfen würden und könnten, ohne dass er nöthig hätte, mit Verlust seiner Ehre, die ihm doch eben so lieb als dem Kaiser seine Krone sein muss, und durch Untreue gegen seinen Herrn und König von einem fremden Potentaten sich zu bereichern. Gleichwie aber Ew. Königl. Majestät hoch erleuchteten judicio alles, was ich berichtet und geschrieben, ganz demüthigst unterworfen wird, also soll verhoffentlich das Fundament meines aus den Factis gemachten Schlusses sich gar bald zeigen, wenn man nur die Mühe nehmen will, die Complimenten von den Realitäten wohl zu unterscheiden und mehr auf die Hände und Füsse, das ist auf die Actionen der Menschen, als auf ihren Mund und die daraus in die Luft fliegenden Worte zu reflectieren.- Es kann auch der Wahrheit meiner Relation gar nicht abgehen, wenn etwan der kaiserliche Hof hiernächst mit mehrem Ernst den Frieden begehren sollte, ebensowenig als ich mit Grund sagen kann, dass der Schiffmann, welcher durch Contrarwind den Hafen, daraus er gelaufen, zu suchen genöthiget wird, nie gesinnet gewesen, seinen Weg zu poussieren, oder dass er darum gleich seine Reise allerdings aus den Augen gesetzet habe und nimmer wieder in See gehen wolle, weil er dem Sturm gewichen und auf ein besser Wetter in Sicherheit zu warten gedenket.

Ich bitte zum Beschluss von Grund des Herzens, dass der Allerhöchste Ew. Königl. Majestät heiligen Muth, guten Rath und rechte Werke gnädiglich geben und verleihen wolle, damit Sie die von Ihren höchst löblichen Vorfahren mit unsäglicher Mühe und Unkosten, ja mit Vergiessung ihres eigenen Bluts gesuchte Sicherheit bei diesen gefährlichen Läuften nicht nur erhalten, sondern je mehr und mehr befestigen und zur intendierten Perfection bringen, mithin alle dero getreue Unterthanen in einen solchen Zustand setzen mögen. dass sie den innerlichen Wachsthum und Cultivierung ihres werthen Vaterlandes ohne ausländische Hinderniss unter Ew. Königl. Majestät glücklicher und langwieriger Regierung in solcher Ruhe hiernächst abwarten und nachhängen können. Und gleichwie ein jeder gute Patriot und redliche Diener Ew. Königl. Majestät in einem so heilsamen Werk nach seinem Talent und Vermögen treulich zu assistieren schuldig, also soll auch ich, was nur immer von meiner Profession dependieren kann, nach äussersten Kräften in ungefärbter Devotion ehrlich beitragen und, so lange ich lebe, in der That erweisen, dass ich wahrhaftig bin

Ew. Königl. Majestät etc. etc.

Esaias von Pufendorf.

Lectum Holmiae d. 27. Martii Ao. 1675.

www.ingramcontent.com/pod-product-compliance
Lightning Source LLC
Chambersburg PA
CBHW020901160426
43192CB00007B/1030